反对单一语言
语言和文化多样性

〔法〕海然热 著

陈 杰 译

Contre
la
penseé
unique

商务印书馆
The Commercial Press

2020 年·北京

Claude Hagège

CONTRE LA PENSÉE UNIQUE

Copyright © 2012 by Editions Odile Jacob

Cet ouvrage a bénéficié du soutien des Programmes d'aide à la publication de l'Institut français.

本书根据奥迪尔·雅各布出版社 2012 年版译出

目　录

前　言

本书是为思想、文化以及语言的多样性所做的辩护。因此它也可以看成是对于单一语言的一种揭露，关于这一语言的种种表现，之后自有定义。大体上来说，今天支撑单一思想的语言是英语。这门在形成之初一度被某种形式的法语所主导的语言（第一章），随着时间的推移，尤其是在20世纪第二次世界大战之后逐渐流通国际，造就了一种单一语言，并成为它的载体，这一转变正是我想借此书来进行阐释的（第二章）。而全球化的神话更是让单一语言找到了新的养分（第三章）。这种局面造成的影响在科研领域尤为明显（第四章），这一领域反映了英语和法语两种表达体系的差异（第五章）。除了语言层面的不同，还存在着两种交流类型的差异，或者说一种选择：究竟是要推广那些文化型的语言，还是仅仅满足于一种工具式的语言（第六章）。面对一门工具式语言对多样性带来的挑战，我们有必要找到足以拯救多样性的种种答案（第七章）。

无论是在生物界还是非生物界，多样性都是本质。没有哪类动植物不是伴随着一系列多样化进程的漫长演化的产物。也没有哪一段人类社会的历史与一系列带来新调整以及新制度的转变无关。最后，没有哪一门语言的最新可知形态不是对于另一形态的继承，而后者本身也只是某个特定原型在演变中所经历的岔道上的一个分支，这一原型又可以再追溯到一个先于它的分岔点，以此类推。世间的一切都可以推演出多样性的叙述。然而，无论是生物还是非生物，它们从一个阶段被推向另一个阶段的过程并不是一道不间断的洪流。切割了动态演进的这些阶段，是相对稳定的时期，类似于节肢动物在蜕变过程中所经历的众多停滞期。这些阶段本身是被定义为非持续性的，它们如同一系列的原点，支撑起下一次的重新发展。

然而，当代世界陷于这些阶段中的某一阶段似乎已经有时日了，仿佛定格在了某种不愿改变的思想模式之中。正因为如此，一次再发展在今天显得比任何时候都更为必要。尽管它的到来毋庸置疑，我们依然需要加快脚步。法国就是这种局面的一个样板。在 1945 年至 1975 这段有时被记者们称为"光辉的三十年"的时间内，她曾达至顶峰。由一种对于政治、经济以及文化使命有着近乎傲慢的自信武装起来的戴高乐政权，带来了一个坚信自我、坚持自身价值的法国。只是这三个十年刚过，关于法国"衰退"的某种缺乏生气的痛苦有益论便开始蔓延。诚然，如印度和中国般一早摆脱了殖民枷锁、更卸下了历史重负的国家，已然崛起，但是，法国也并没有衰退，至少不是在经济上。

单一语言形式是一种软弱、萎靡的共识形式。它非但没有让我们从这些冉冉上升的新星身上获取灵感，反而暂时性地让通向光明之路变得沉重。它所认同的是那些充斥着虚幻承诺的物质优势，和那些告别了批判精神、清醒的沉思以及创造性冥想的完全现成的思维模式：人们对于日常舒适的追求延伸到了一些可笑的细节；对于媒体的压制表现出顺从，在它们打造的信息以及支持这些信息的混沌意识形态面前投降；对于商家们精心安排的、排除了一切个性元素的旅行乐此不疲；化妆品工业以否认自然老化为目标，虽说虚幻但商业回报却非常之高；政客通过一种民调式的、腐败的表演式民主登上电视舞台；人们对于安全问题忧心忡忡，对于金钱以及经济上的成功产生狂热执着；对于革命性的气息加以妖魔化；在自然科学领域崇尚成果，贬低社会科学讲求的对于人自身的思考；不顾伦理地选择效率；惧怕不同，并且有着与普遍的平庸融为一体的冲动。

如此一来，主次便不再分明。高端的学术计划同平庸环境以及短浅目标所带来的强大惰性产生冲突。人们的品位、政治观点、日常生活、业余休闲、对于存在的理解，以及信仰都趋于同一。仅就思想领域的制高点而论，法国曾涌现出一大批知识分子：从克洛德·列维-斯特劳斯（C. Lévi-Strauss）到罗兰·巴特（R. Barthes），中间又经过米歇尔·福柯（M. Foucault）、雅克·德里达（J. Derrida）以及其他人。如果将人的无知和不确定感比作黑夜，这些大师的出现就像是一盏明灯，照亮了接受他们精神滋养的整整一代人的前行之路。今天再也看不到类似的景象了。人们的精神被同一种软弱、萎靡的语言（思想）所占据。一种没有多样性的单一语言（思想）。

这种单一语言远不是由某种危机局面引发的简单后果。在那些由政客、知识分子、企业家以及媒体红人带动的小团体、小圈子内部，它被主动推广。所有人都是这样一种活动的同伙：该活动受到大西洋主义及其桥头堡——布鲁塞尔和欧盟——的启发或者说引导，目的是使欧洲国家，尤其是法国，放弃主权。法国有着对于自己民族、象征、成就以及历史的深厚感情，这一传统名声在外，屡受攻击，却尚未被完全摧毁。这些归顺了的"精英"进行了诸多暗中破坏，在法国最明显的表现之一是将矛头对准学校这一关键机构，妄图将教育英语化。然而，法语才是法兰西民族的根本。在法国，无论是在君权统治下，在大革命中，在两次帝国时期，还是在共和国体制内，均由法语词汇来作为具有革新性的政治纲领的媒介。

　　两种因素助长了这里所揭露的有害行为。一方面，今天的许多法国人极易进行自我鞭笞。他们被一种可耻的戏谑性倾向所侵蚀：那就是将从古至今在法国产生的一切有价值的东西最小化，或者对其视而不见。这群人对于参与全人类创新的使命也心存怀疑。另一方面，从20世纪90年代初开始，就出现了一种随着所谓的"全球化"而一同增长的压力，我们可以将它描述为由英语作为媒介的新自由主义意识形态带来的压力。这个由大西洋彼岸的决策中心蔓延开来的全球化（不是"整体化"：参见第三章对于这两个概念的区分）神话，事实上是他们设想的用以避免衰退的最后一张牌。这一神话似乎僵化了创造性思维，让人们忘记了才智的创造性和原创性直至上世纪80年代中期都在蓬勃发展，尤其在法国，并且为世界上许多国家的思想运动提供了榜样。今日世界的平庸和模仿也许只是一个短暂的过程。指出并且揭露它们的主要力量——如果相信我众多大西洋彼岸的朋友所说的话——正是那些美国的有识之士，他们深知潜在的等待重生的宝藏是多么丰富。人们有理由相信法国的批判性思想传统能够战胜单一语言（思想）：在必要时，前者不惜引发争议，但又不乏尖刻的幽默，它与所谓的"正确的"意识形态所表现出来的令人厌烦的傲慢截然相反；而后者则建立在带来阉割情结的诸种舒适之上，它们靠人道主义乌托邦自我给养，并且意外地加剧了赤贫者的被奴役，助长了有权势者玩弄金融欺诈，促进了为这两种行为服务的宣传式洗脑。

　　以上所述就是支撑本书的一些信念。不断支持我构思的欧迪尔·雅各布（Odile Jacob）女士也知道，没有任何理由接受所谓的"衰退"现实。

第一章　法语主导下的英语

1　早期阶段

　　为了不让这个标题显得过于惊人，我们有必要立即说明，这里出现的"英语"和"法语"两个词并不指向今天这两门语言所呈现的形式。

　　人们可能认为：至少有一个理由让大家无需对于今天英语对法语以及世界上大部分语言所施加的巨大压力过分紧张。这个理由十分简单，对法语和英语的历史，以及两者的相互关系稍微有些兴趣的人都知道：当年一种古老形式的法语对于古老形式的英语的快速入侵，远比今天观察到的相反方向的现象来得更具规模，那次入侵带来的是持续了几个世纪的压力。也有人可能会宣称当下英语对于法语的影响只是一个过程的开端，它的规模将变得越来越大。诚然，这一趋势有着许多征兆，之后自会分析。但是，一旦将今天所能观察到的情况与我们从历史中所读到的摆放在一起，就会发现这两种类型的压力没有可比性。回顾一下英语和那些包括法语在内的罗曼语种之间的种种联系，我们应该就能明白。

　　今天的不列颠群岛与欧洲大陆产生的第一次联系与英语的祖先无关，而是影响了已知的最早登岛的部落所使用的凯尔特（celtique）语

5

言。早在公元前55年，居住在岛国南部的这些凯尔特人就遭遇了恺撒（César）的"到访"。因此，罗马皇帝克劳狄（Claude）在公元43年的远征并不是他们第一次与帝国的接触。但是，这次一直延续到图密善（Domitien）皇帝治下的公元85年的远征却伴随着强烈的罗马化进程，因为征讨波及了除喀里多尼亚（今天的苏格兰）之外整片当时被叫作不列颠（今天被称为大不列颠）的土地。它带来的深远影响与共和制以及帝制下的罗马所推行的殖民扩张政策所蕴含的文化和语言渗透有着直接联系。因此，当公元3世纪维京人第一次来犯之时，他们遇到的是一个拉丁语已经相当强势的国家。

然而，两个世纪之后，西罗马帝国的首位皇帝霍诺留（Honorius）和他的军队统帅、汪达尔人斯提里科（Stilicon）无力再阻挡欧陆侵略者的推进，罗马军队无奈之下只得在公元407年放弃不列颠，这片土地因此处于奄奄一息的状态。入侵者的数次突击固然让罗马人的长期抵抗无果而终，并最终将其赶出不列颠，帝国本身的政治分裂也是原因之一。此外，还要算上来自北部的其他凯尔特部落，如皮克特人和苏格兰人发起的反复进攻。按比德（Bède）所述［参见《英吉利教会史》（*Historia Ecclesiastica Gentis Anglorum*）第一章，731年版］，由于无法独立应付多条战线，不列颠人的首领最终在公元450年左右主动求助于日耳曼战士，而后者则将借此良机长居不列颠［参见切维莱特（Chevillet）《英语的历史》（*Histoire de la language anglaise*），1994年版，第20页］。

当时占据这片土地的是日耳曼民族中的一支——撒克逊人。首次提及这个部落的是古希腊天文学家克洛狄斯·托勒密（Claude Ptolémée）。在他的《地理学》（*Geographia*）中出现的最早的地图里，这个部落一部分居住在北海沿岸地区，相当于今天的丹麦西部；另一部分居住在易北河与特拉沃河之间，也就是今天德国的荷尔斯泰因南部。位于汉堡东北的这片土地曾经属于神圣罗马帝国，后来成为公国。1865 年普丹战争之后，普鲁士从丹麦手中夺取了石勒苏益格，后者与荷尔斯泰因合并成为了德国的一个联邦州。从公元 440 年至 460 年起，撒克逊人开始对不列颠岛的南部、东南部和一部分东部地区展开征讨以及殖民化行动。最先被波及的地区处在不列颠最南端的大半岛之上，康沃尔东部，相当于今天英国的威尔特郡、多塞特郡、萨默塞特郡和德文郡。同时受牵连的还有由三个王国组成的东部地区。与其中两个王国对应的分别是埃塞克斯郡和两个萨塞克斯郡，这些郡的名字意指东部以及南部撒克逊人。第三个王国被称为韦塞克斯，处在西部，它在公元 10 世纪曾经称霸撒克逊诸国。

但是英语发展进程中最关键的一步还要数盎格鲁人的定居，他们的名字将变成整个国家的名字。这是一个来自德国北部的日耳曼部落。那里当时被称为昂格尔恩地区，相当于今天的石勒苏益格东部以及荷尔斯泰因东北部。公元 477 年和公元 495 年，借着罗马军队撤退的良机，盎格鲁人掀起了两波殖民浪潮，他们大量涌入不列颠岛的中部和北部地区，也就是从泰晤士河到苏格兰低地的这片土地。那里当时被分成两个王国，北部的诺森布里亚和南部的麦西亚。英格兰（意为"盎格鲁人的土地"）这一名称正是起源于这一段奠基性的历史时期。

被称为朱特人的第三个日耳曼部落可能来自今天日德兰半岛的南部。他们于公元 5 世纪末左右进驻怀特岛以及另外一片相当于今天的汉普郡和肯特郡的土地，在肯特郡也将诞生一个王国。最后一个同样强大的日耳曼部族是最初居住在莱茵河与埃姆斯河之间的弗里斯兰人。他们占领了不列颠东岸相当于今天萨福克郡的那片土地，从公元七世纪开始确立的七国时代中的第七个王国，正是由他们建立的。

因此，在公元 5 世纪末的（大）不列颠境内，凯尔特语的残余已经退居到了西海岸。除了在词汇中保留了一部分苏格兰词，它未能对正在成形的西日耳曼语产生影响。原始的各大凯尔特语系也进入了快速衰退的阶段。苏格兰人和皮克特人，也就是我们之前提到的对晚期罗马帝国统治下的不列颠形成威胁的可怕邻居，将在随后的几个世纪里在语言上被完全同化，至少被同化到了足以让苏格兰盖尔语在今天成为一门濒危语言的程度。尽管在强大的英语化潮流面前，威尔士的语言处境显得格外脆弱，但是威尔士依然成为唯一一个保留过、并继续保留着原始凯尔特语言和文化的地区。

主要由盎格鲁人、撒克逊人和朱特人构成的日耳曼入侵者各自所操的语言在起源上十分相近，都出自西日耳曼语，即通用日耳曼语的西部分支。与其相对的是东日耳曼语〔它留下的唯一痕迹是用出自于它的哥特语写成的著名的《乌尔菲拉圣经》（Bible de Wulfila）〕和北日耳曼语，后者是五种斯堪的纳维亚语（丹麦语、挪威语、瑞典语、法罗语和冰岛语）的祖先。经历了北海日耳曼语〔在《日耳曼尼亚志》（Germania）第二卷中，塔西佗提到了使用这门语言的部落〕和盎格鲁-弗里西语阶段之后，西日耳曼语演变成了古英语。而古英语的组成部分正是盎格鲁人、撒克逊人和朱特人各自使用的语言。这些部分对于它们各自的使用者来说都是相通的，可能在他们入侵不列颠之前就已经如此。但它们又不完全一样。其中的一种成为了通用语言的代名词。"盎格鲁"（也就是"英语"）这个词似乎很早就已经被采用。从公元七世纪初开始，它就被同时用来指代一种语言和一个部落。因为在公元 601 年，教皇格里高利一世称呼肯特国王艾特尔波特为"盎格鲁国王"（rex Anglorum）（参见切维莱特《英语的历史》，1994年版，第 20 页）。

涵盖两个对不列颠进行殖民的日耳曼主要部落名字的"盎格鲁-撒克逊"一词，被人们用来表示最初形式的古英语。但是，除此之外，19世纪下半叶还形成了另一种习惯，那就是用"盎格鲁-撒克逊"来称呼孕育不列颠文化的民族。到了今天，这一习惯称呼经过延伸之后被用来指代英国人和美国人，偶尔也算上说英语的加拿大人、新西兰人以及澳大利亚人。但由于今天的美国人不具有盎格鲁-撒克逊的种种特征，大家想必会同意笔者不在本书中沿袭这一用法。换句话说，当笔者想谈论"美国人"的时候，会说"盎格鲁-美利坚人"而不是"盎格鲁-撒克逊人"。

不列颠岛与拉丁语之间的关系并没有止于上述的历史片段，因为这片土地将从公元6世纪末开始基督教化进程。然而，需要指出的是，3世纪时曾经入侵的维京人的后裔——丹麦人和挪威人，将沿着先辈的足迹，在8世纪和9世纪重返不列颠。最后只有韦塞克斯国王遏制了他们的突进，并在9世纪末将他们困在一片当时被称作"丹麦辖区"的土地上，今天成为了诺福克郡和萨福克郡的所在。这也解释了为什么在英语中能发现许多斯堪的那维亚血统的词汇和语法形式，它们来自于古诺尔斯语，或者说北方通用语，也就是丹麦语、挪威语、瑞典语、冰岛语和法罗语的祖先。可以举两个词形学上的例子加以证明：现代英语的人称代词中第三人称复数的主格形式"they"和宾格形式"them"，以及介词"from"和"till"。因此，在公元8世纪，古英语是一门混杂的语言。它的结构复杂，有变格形式，名词中则存在阴阳中三性。对英语来说，来自斯堪的那维亚的影响在地名学上也非常明显，这与它在法国诺曼底地区产生的影响类似，两者都是出于同一历史原因［参阅海然热的《法语：一部斗争史》（*Le français：Histoire d'un combat*）一书第二章，1996年版］。我们可以在两种语言中

9

找到许多由"thorpe"（意为"村庄"，在德语中为"Dorf"）或者"beck"（意为"溪流"，在德语中为"Bach"）构成的地名：英格兰可以举出"Cawthorp"或者"Troutbeck"；诺曼底那边则有"Torp-en-Caux"和"Orbec"。最后，斯堪的那维亚词汇对于英语的输入也十分重要，从"birth"到"thrive"，还有"booth"、"crook"、"dregs"、"loan"、"sly"、"take"和"want"等等。

2 盎格鲁-诺曼语入侵

然而，其他维京人的后裔也将在英语的历史中扮演重要角色。他们所带来的语言上的影响有着悖论色彩：一方面，作为维京人的后裔，在定居诺曼底之前，他们讲的是一种斯堪的那维亚语，类似于我们上面提到的8、9世纪时的侵略者所用的语言；但另一方面，他们带到大不列颠的却是一种正在成形的法语。正是这群身为维京后裔却又没有再次将斯堪的那维亚语带上岛的入侵者，主导了11世纪末英格兰所经历的诺曼征服战争。战争的组织者威廉大公的祖先是可怕的丹麦首领罗洛，此人通过公元911年与法兰克国王"糊涂者"查理三世*签订的一纸条约稳固了诺曼底地区。这一事件也成为该部落从游牧转为定居并接受基督教化的序曲。当时的诺曼人与正在成形的加佩王国（即古法国）结成的联盟是如此紧密，以至于他们最终丧失了本身的语言。与这一去母语（古诺尔斯语）化过程并行的，是对于当地罗曼语方言（或者说正在成为法语的一种新拉丁语的诺曼变种）的接纳。这一过程在公元10世纪上半叶已然相当成熟，它也使得罗洛的儿子、外号"长剑"的威廉一世必须在大约公元940年将自己的儿子送到仍保

---

* 原文为查理五世，应为印刷错误。——译者注

留了一所斯堪的那维亚学校的巴约城，以便他能学习一点祖先的语言。

诺曼征服战争带给英格兰一种诺曼人自己才刚刚接受了一个半世纪的法语，这可不能不算是英语历史上的一个小小的悖论了！公元1066年1月，诺曼底的威廉率大军登陆英格兰，驱逐篡位的哈罗德伯爵；因为前任英王"忏悔者"爱德华，在临终前曾向威廉表示希望传位于他，而哈罗德却违背了这一遗愿。随着威廉的征讨而被带到英格兰的这门语言，将被称为"盎格鲁-诺曼语"，与盎格鲁-撒克逊语相对立，因为它是法语的诺曼变种在当地生根发芽的结果。出于方便考虑，笔者将保留这一称呼，尽管它显得并不恰当。因为威廉和他的部下带到英格兰的其实是法兰克-诺曼语，即正在成形的法语的诺曼形式；从真正意义上说，不存在所谓的盎格鲁-诺曼语或者诺曼语的英格兰形式，只有盎格鲁-撒克逊语和一种诺曼底法语。

罗曼语族通过诺曼语而对英语产生的影响是巨大的。虽然英语对法语的借鉴仅停留在词汇领域，而没有延伸到语法范畴和发音体系，但是，尤其是在13世纪上半叶之后，大量的法语（为了简化，笔者将用法语来代替盎格鲁-诺曼语）外来词进入英语，最终的数量达到一半以上。我们可以找出很多理由来解释它，有两条尤其值得铭记：一是岛国情结，二是对于一种公认为丰富的文化的求助。

岛国性在一个民族身上造就的特点与一个被大海环抱的国家缺失陆地疆界有关。这样的国家可以选择尝试与外界建立起商业、政治、文化联系或者形成对峙关系；也可以选择不作尝试。在第一种情况下，它只能选择出海。两种诱惑可能随之而来：一是主动寻求退守，二是努力打破孤立。冰岛语便是第一种诱惑导致的一个惊人的例子。很少有语言如它一般保守。由于在形成之初反对丹麦语的入侵，冰岛语远离了与它亲缘关系较近的挪威语所属的诺尔斯语土壤。它的保守同时表现在新词创造方面：为了翻译现代世界才存在的物品和概念，冰岛语选择了民族主义引领下的晦涩路线（偏爱本土词根），而不是国际化思想代表的透明路线（偏爱西方语言的希腊-拉丁词根）。这种民族主义导致的晦涩主导了冰岛语，我们可以举一些词汇作为示例：比如"sími"（"电话"）来自于古老词根"síma"（意为"铁丝"）；或者"smásjá"（"显微镜"），直译是"小的视界"。

相反，另一种对于岛民的诱惑就是打破闭塞的开放思想。日语的例子就很能说明问题。从公元前 3 世纪开始的每个历史阶段，日本都借着与大陆的联系引进汉语词汇。这场运动的规模从公元 6 世纪开始变得格外庞大。无论是来自中国的直接影响，还是经由韩国人带来的间接影响，都导致了日本在引进由汉字所记录的佛教经书的同时，也吸纳了会意字和象形字。如此大规模的流入，使得日语当中汉语词汇所占的比例达到或者超过了一半，这与韩语以及越南语的情况如出一辙。这部分外来词汇被专家们统一称为日语中的"华-日"成分，正如韩语词汇中存在"华-韩"成分的说法、越南语中存在"华-越"成分的说法一样。

3　结果：英语的独特面貌

在英格兰遭遇诺曼语入侵的过程中，如冰岛语般退守的诱惑将让位于日语式的开放。因此，一些外部因素将加诸英语之上。它们将赋予 11 世纪末在英格兰突现的中世纪法语一种相当大的施压能力。首先，在不列颠文人圈子里（例如 9 世纪初受查理曼大帝之命恢复拉丁语研究的阿尔琴），大家知道在加洛林王朝统治下的高卢，有一门民间语言正在成形，相比于其所隶属的拉丁口语土壤，它越来越个性化，并且已经能够表达公共和私人生活的所有方面（正是这一现象激起了回应它的考量，要重拾拉丁书面语——而非口语——正在丧失的重要性）。另一方面，较短的距离也是一个重要因素。以冰岛为例，尽管出于政治和文化归属的考虑，它被认为是欧洲国家，但它与欧洲大陆的距离却远大于与格陵兰岛之间的距离。这种地理上的疏远让它自我孤立起来。相反，从日本的长崎到韩国的釜山不过 300 海里。在朝鲜半岛先北上过境，随后南下，便是中国。与这两个极端的例子作对照，大不列颠似乎更接近日本的情况。因为如果我们测算多佛尔和加来之间的距离的话，它离法国海岸也不过 50 公里。

诚然，威廉大公（英格兰人显然不称其为"征服者"，而是根据他的血统给他冠以"私生子"的外号）的侵略军并不是为了回应某种召唤才逼近不列颠海岸的。也就是说，当地居民并不刻意寻求用开放来打破岛国的孤立。但是，诞生于公元 8 世纪左右的古英语宗教、史诗以及诗歌文学所反映出来的却是一门非大众使用的语言。因此，它与诺曼人所带来的语言之间的关系也是模糊的。当然，后者事实上是一门侵略者的语言。但同时，它又不只是诺曼宫廷和贵族阶层的语言，大量出身迥异的高级主教、商人以及来自不同行会的市民也使用着这门语言。这群人沿着征服者们的足迹从欧洲大陆来到了英格兰，他们的数量在 12 世纪时大幅增长，带来了大量皮卡第和昂汝地区的方言。到了 13 世纪，在英格兰的亨利三世统治时期，法国方言的影响则来自于普瓦图和普罗旺斯地区。

一个在诺曼语入侵之前本地贵族和普通民众都说盎格鲁-撒克逊语的国家，正适合由这门新语言来施加可观的影响。法国加佩王朝的最初几位国王，如菲利普一世，固然是势单力薄，但这门语言却依然代表了一种正在高速崛起的文明。因此，它也更能满足一个所有语言几乎共通的特征：即对于外来词的贪婪。尽管这一文明的化身不是法国

13

自己，而是那个强大却又隶属于法国的诺曼底的威廉，但在 11 世纪下半叶，包含了盎格鲁-诺曼语的中世纪法语依然以一种代表了辉煌文明的语言的姿态呈现。这一文明主要有以下几个标志：一是结束了伦巴第和撒拉逊入侵导致的危机；二是以克吕尼为例的修道院改革运动；三是朝圣的兴起，"上帝的休战"运动和骑士阶层的涌现。因此，我们可以说，这一阶段大量中世纪法语词汇进入英语的现象，反映了英格兰人或多或少意识到要让自己的语言升级为一门文化语言。

这一态度留下的一些痕迹广为人知。我们只举其中一个被大量解读过的例子〔比如文奈（Vinay）和达贝尔奈特（Darbelnet）合著的《英法修辞学比较》（*Stylistique comparée du français et de l'anglais*），1977 年版〕：英语中存在的那些成对的、意思相近的两个词在使用中都遵循着同一原则，即起源于盎格鲁-撒克逊语的词适用于实际现实或是通俗语境；而起源于罗曼语（盎格鲁-诺曼语）的词则对应一些更专业、更讲究的用法，通常是文学用语。这样成对的词不计其数，且列举以下这些例子：to abide by/to submit to（"屈从于"）；to bump into/to collide with（"与……产生碰撞"）；to hide/to conceal（"隐藏"）；to die/to perish（"死亡"）；to fight/to combat（"搏斗"）；to squeal/to cry out（"嘶喊"）；squeamish/prudish（"假正经"）；tailspin/depression（"消沉"）；untrustworthy/treacherous（"欺骗性的"）等等。正如大家所知，英语中甚至还保留了大量的中世纪词语，而在后者原本所属的法语中它们则已经不复存在，比方说 mischievous（"有害的"；"调皮的"），misdemeanor（"轻罪"），pledge（"担保"），random（"随机"），to remember（"记住"）等等。

法语带来的这种巨大压力持续了很久。它的影响在君王身上尤其明显，他们都是早期诺曼国王的后裔。比如在 1346 年的克雷西会战中，英王爱德华三世无法用一种能让别人理解的英语向他的部队传话。尽管法语的主导地位最初被认为是一种文化提升，但是对于说英语的市民阶层而言，它更像是一种奴役。因此到了14世纪下半叶，这一语言现象引发的焦躁感与日俱增，并将带来一系列的变化。特别是诗人约翰·高尔（最初用法语写作）和杰弗里·乔叟，用他们大量的作品来展示英语的崛起。然后有1362年颁布的《起诉法令》，它将英语确立为法庭的唯一用语。最后，1399年登基的亨利四世则成为第一个"母语"为英语的英格兰国王（如果大家也像本书一样，将"母语"一词理解为小孩从出生开始在家庭里接受的语言。当然在今天的工业社会里，母亲已经不再是唯一的语言传授者了）。

诺曼征服战争带来的中世纪法语词显然不是大不列颠岛最早引进的拉丁裔词汇。最初两次英语的拉丁化过程，由于其持续时间很长，必然在词汇中留下许多痕迹。与它们相对应的历史片段之前已经提过：即公元43年到407年的罗马统治时期和公元597年开始的二次福音传教。连续不断的商业以及政治上的交流至少从10世纪开始将不列颠与拉芒什海峡对岸、尤其是那个将扮演主要角色的富庶强大的诺曼底公国联系起来，这也是英语拉丁化的原因之一。基于这诸多方面中的一部分原因，英国法律成为了保守主义的堡垒，并依然捍卫着一些中世纪法语的用语，尽管今天它与法国法律的共同点非常之少。英国君主的格言"吾权天授"正是由法语写成。此外，我们还知道嘉德勋章上铭刻着法语格言："心怀邪念者蒙羞。"英格兰宫廷语言也保留了许多拉丁用语，而法语直到1730年仍没有完全从宫廷中消失。

英语的司法语言中甚至还保留了不少拉丁语的表达方式，而且通常十分古老，在法语中已经不复存在：如"bona fide"（真实的），"felo-de-se"（自杀者），还有"in flagrante delicto"，"habeas corpus"

等等。至于英语中的古典拉丁和晚期拉丁语外来词，或者是经由拉丁语传入的希腊外来词，它们中的主要部分显然属于宗教词汇：如出自于"epis-copus"的"bishop"，出自于希腊-拉丁词"kyriakos"的"church"，出自于"clericus"的"clerk"，出自于"missa"的"mass"，出自于"nona［ora］（意为三点——当时认定的日出时间——之后的第九个小时）"的"noon"，出自于"parochia"的"parish"。此外，也有一些来源于拉丁语其他领域的外来词。军事及公共工程领域：如出自于"calx"的"chalk"，出自于"portus"的"port"，出自于"strata"的"street"；商业领域：如出自于"mango"的"monger"；工具领域：如出自于"faux"的"sickle"；食品领域：如"butter"，"cheese"，"pepper"和"wine"，它们分别出自于"butyrum"，"caseus"，"piper"和"vinum"。这些由不列颠岛的初次拉丁化过程所带来的词语绝大部分都不是抽象词语。

相反，众多代表抽象意义的英语外来词均来自于 470 年后随着诺曼语入侵开始的第三次拉丁化进程。如此规模庞大的引入从 11 世纪末开始在英语词汇面貌的构成上留下了深深的烙印。此外，这一现象还解释了从法语中借词所具有的独一无二的特征。无论是在英语还是在其他所有语言之中，借用都不只是简单地引进词，尤其当这些词涉及抽象意义的时候。它是一种文化现象，且至少在最初与两个事实相关：首先是中世纪法语所代表的形象，正如笔者前文中提到的那样；其次是盎格鲁-撒克逊语的自身需要，即通过引入它所不具备的概念来达到自我丰富的目的——尽管这门语言的使用者们并没有主动要求，而是被动承受了诺曼征服战争。法语的中世纪祖先在抽象词汇上的丰富性是这门语言的一个显著特征。从法语成形的最初几个世纪开始，即公元 6 世纪到 10 世纪这段时间，拉丁语中一大部分完全具象的标记符号便从中消失，它们的别样性被融入了一个抽象化的过程之中。以下现象对此就有体现：即许多出自于拉丁语的现代法语词都丢失了本来的描述性意义。我们可以像马尔布朗（Malblanc）那样提供一些有意思的例子，尽管他同时列举了古典拉丁和晚期拉丁的例子［参见该作者的《法语与德语之比较修辞学》（*Stylistique comparée du français et de l'allemand*）一书，注释2，1963年版，第75页］：

　　"'Empêcher'（阻止）一词出自于拉丁语的'impedicare'（出现在公元4世纪的阿米阿努斯作品中），意为'在脚下放置绊索'。'Obliger'（强迫）一词出自于拉丁语的'obligare'（捆绑之意）；'incomber'（归于……）对应'incumbere'（睡/压在……之上）；'chercher'（寻找）对应'circare'（四周转）；'inculquer'（灌输）对应'inculcare'（用脚踩着将某物踢进……）；'inculper'（控告）对应'culpa'（错误）；'inventer'（发明）对应'invenire'（来到……之上。同时提一下：俄语中表示'找到'的'na-iti'一词字面上也可以理解为'去到……之上'）；'envahir'（侵略）对应'invadere'（在……里面走）；'inciter'（激起）对应'incitare'，即'ciere'（发动）的反复体；'se précipiter'对应'praeceps'（头朝前），等等。拉丁语的画面或者隐喻在法语这里成为了'表现性观念'。"

通过诺曼征服战争带到英格兰的抽象词语将丰富英语的词汇。然而，这些外来词在适应了英语环境之后，将会被赋予新的生命。两个原因可以解释这一点。第一，由于语言结构有着平衡化的趋势，外来词词义的确定将不是通过自身，而是在与现存的盎格鲁-撒克逊来源的词语的语义对比过程中完成。成功融入英语的词语，是这些复杂的语义关系确立之后所带来的词义演变的主体，而不是试图将自身规律强加于英语的外来词。这一现象从任何语言的语义学角度来说都是正常的。第二个原因如下：中世纪法语词在英格兰面临的生存环境是在冲突之下产生的，这一冲突来自于诺曼入侵对于 1066 年之前的英格兰本地社会文化状况造成的冲击。也就是说，由中世纪法语而来的这些外来词并不是普通的外来词。尽管如笔者前文所述，对于感官和具象词汇尤其丰富的英语而言，它们所带来的抽象和修辞领域的词汇是一种补充。

诺曼征服战争带给英格兰的是一种新旧社会更替下的动荡局面，这一局面实实在在地引发了对于罗曼词汇所进行的特殊的脑力和情感上的投入。盎格鲁-撒克逊的本土词语则不会经历像罗曼词汇那样反差巨大的历史；罗曼词汇的到来可以说是对盎格鲁-撒克逊语的一种敦促。诺曼征服战争之后的封建时期也将是一些基本自由被确立的时期（尤其是初定于公元 1215 年、由"无地王"约翰颁给叛乱贵族的《大宪章》），在说英语的人的心目中，这一时期的强大，仅有随后出现的 16 世纪下半叶的伊丽莎白黄金时代可与之相媲美［参见克莱因（Klein）的《英语中的"伪友"，撕下你们的面具》（*Faux amis anglais, jetez votre masque*）一书的手稿，第一章，第 14 页乙］。作为前现代英格兰两段标志性时期的第一段，它的强势体现在它对于大量流入的中世纪法语词的掌控能力上，这一控制是通过让外来词适应英语自身的趋向性来实现的。由于诺曼征服战争带来的外来词不常指代具象的概念，而是与封建及教会机构、封建领主生活和习惯法相关，它们当中有很多都将保留一个中世纪词义（或者是该中世纪词语本身保留的来自拉丁词源的那个词义）。但是随着法国社会的发展，这个词义在法语中却丧失了。英语中对于古词词义的保留和法语中这一词义的缺失构成了这两门语言词汇上的一个重要差别。

这就是人们俗称的"伪友"的来源［可参见海然热 1987 年出版的《法语与诸世纪》（*Le français et les siècles*）一书中第 55—61 页的那张说明表，这些"伪友"在该表中被称作"非法词"］。英语引进的中世纪法语词中固然有很大一部分与今天法语中对应的词保持着一致或者基本一致的意思，但对于同样是罗曼词源的英语中的"伪友"则应谨慎对待。因为这样的词外表讨巧，说法语者很快会注意到它与法语单词在语音上有着极强的相似性；然而事实是，在这一外表背后，通常隐藏着一个截然相反的意思。这些伪友为数众多，我们只举几个最有代表性的例子（参见克莱因的《英语中的"伪友"，撕下你们的面具》一书的手稿，第一和第二章）。英语中的"hearse"指"灵车"，这个意思来自该词在 11 世纪的法语中意义的引申。因为中世纪法语词"herce"对应的是教堂中插蜡烛用的尖头的金属烛台，它是和即将下葬的遗体一同被运送的（"herse"今天在法语中是"耙"的意思，英语中表示"耙"的则是一个盎格鲁-撒克逊来源的词："harrow"）。"accolade"一词的中世纪含义是"骑士嘉奖礼"，这层意思在英语中还能找到痕迹，因为在今天的英语中，这个词还有"特别的装饰"或者"公共荣誉"之意；而在法语里面，它只被用来表示"仪式性的拥抱"。还有，今天英语中的"retinue"指"名人的随从"，因为这就是古法语中"retenu"一词的含义，而它在现代法语中则并未被保留。

在一些更为抽象的词语当中，"intelligence"是个有趣的例子：这个词在英法两门语言中的词义差异有时会让不熟悉英语及其历史的说法语者惊讶。"intelligence"在古法语中除了被用来表示"理解能力"之外，还有"情报、信息""密谋"的含义，甚至还表示"协定"，这最后一层意思今天在"être de bonne intelligence"（"融洽"）这样相对较古的用法中还能见到。但总体而言，法语从16世纪开始就放弃了这个词的最后三个含义，而只保留了第一个。相反，英语却保留并丰富了它的第二个词义："信息"。到了后期，英语更是将它具体到用来表示"间谍工作"，这一层意义从18世纪开始就已经出现在"Intelligence Service"（情报部门）这样的用法中。"Intelligence"的第一层意思甚至还在英语中被引申为"做法"，比如以下这个出自《纽约先驱论坛报》的句子就证明了这一用法的存在：

> "[…] houses are adapted to climate, and the same intelligence is applied to agriculture"（"[……]房屋被改变以适应于气候，而相同的做法也适用于农业"）（参见克莱因的《英语中的"伪友"，撕下你们的面具》一书的手稿，第六章，第105页乙）。

这个词的第一层含义，即"经验带来的理解力"，将它与"cleverness"（"思想活力"）和"intellect"（"洞察，包括对于较难知识领域的洞察"）这些词区分开来。另一个有趣的抽象词是晚期（13世纪中叶）引入英语的"sanguine"，本义是"血色好的"和"易怒的"。英语中又增加了一层法语不存在的含义，即"有信心的，乐观的"，比如在现代英语中会有这样的句子："I am sanguine that all will be well"（"我有信心一切都会好起来"）。"Facility"也是晚期（15世纪初）引进的词，它的原型"facilité"本身是拉丁外来词，但并非出自晚期拉丁语。在"事物的简易状态"这一本义之外，英语还赋予了它一个由本义衍生出来的、在法语中不存在的意思："操作手段，有效方式"，甚至用它来表示"为某项工作提供便利的技术设备"。"Bounty"一词从它的本义"恩赐"之中发展出"奖金""津贴"和"悬赏"这些对于"bonté"这个"简单"的法语词来说完全陌生的含义。"candid"在英语中表示"率直、真诚、公正"，而不是像法语那样表示"天真幼稚"。从拉丁语中继承或者衍生出来的中世纪含义在"global"（"世界的"）一词中也保留了下来（法语中的"global"则失去了这层意思）。同样的情况还出现在以下一些词当中："graphic"，意为"忠于细节，完美布局"（由表示"完美描摹"的拉丁词"graphicus"衍生出来）；"infatuated"，意为"疯狂，为爱疯狂"，而不是法语中"自命不凡"的意思；"mercy"，意为"仁慈"（法语在中世纪还保留这层含义：当时的使用语境主要是受伤的士兵高呼这个词，以恳求不被就地处决；无论如何士兵们没有任何特别的理由来感谢他们的敌人）。*

这些原始含义保留完好的词语在英语中的强势还表现在它们当中的大部分有着丰富的语义，且具备超凡的语义生产能力。这一多义性构成了英语的一个重要难点。诚然，与其他所有语言包含的词汇一样，在盎格鲁-撒克逊来源的词里面，从具象概念衍生出词义的例子也很多。比如"to strike"的其中一个意思："罢工"，就展现了"将手放低以表示拒绝继续工作"这样一个画面，因为放低的正是那个握刀斧等工具自上而下击打的手臂，也就是这个动词的第一层含义。

然而，一词多义的例子在英语中盎格鲁-诺曼来源的词语身上尤其引人注目。比如出自古法语词"suite"的"suit"一词。在 11 世纪的

* "Merci"一词今天在法语中表示"谢谢"。——译者注

封建社会里，这个词被用来表示追随某个领主，即穿着号衣，受领主裁决。从这一词源含义中衍生出了多种意思：如"西装，诉讼，恳求，向妇女献殷勤，求婚，一套（包括扑克中的四色）"等等。另一个例子是"tally"，它起初指代木棍或者木桩（出自拉丁词"talea"），当时人们会先在上面划出凹槽用以表示欠领主账房的债，随后再将其一切为二，一半留给债务人，另一半留给债权人。在这层含义的基础上，衍生出了大量新的意思："木棍，一切记账的形式，收条，作坊的标志，份额，记录，协议，书信，同居（一种责任双方共同接受的状态）"等等。这种语义上的生产能力也延伸到了美式英语之中。如果只举一个例子的话，可以提一下"to claim"。它的本义"大声提要求"，可以追溯到古法语中"claimer"一词，该词又出于拉丁词"clamare"。这层含义在美国被附上了一个新的意思，即"支持（一种可能会被驳斥的观点），声明"。

如果说从 11 世纪末开始大量引入的盎格鲁-诺曼来源的词既丰富了盎格鲁-撒克逊语的词汇，又回应了该语言在抽象词汇领域的需求的话，那么我们也可以看到，这些外来词并没有改变英语这门与岛屿性相关的语言的面貌。在生物界，岛屿性的重要作用是激发出形态的特殊性。确实，由于在岛屿环境下物种之间的联系没有了非岛屿环境下的强度，物种竞争随之受到阻碍。但同时，尽管物种的数量相对较小，其内部却有着进化出不同变体的趋势，动物界和植物界均是如此。人们在日本和冰岛都发现了这种现象。从一个将自然现象与语言作对比的角度出发［参见海然热的《让语言消亡停步》（*Halte à la mort des langues*）一书，2000 年版，第二章］，如果我们由岛屿性对物种产生的这些影响开始，思考是否能将这一现象套用到它对语言可能发生的影响上，那么我们就能更好地认识到（参见克莱因的《英语中的"伪友"，撕下你们的面具》一书的手稿，第九章，第 182 至 189 页）：与物种发展类似，无论是盎格鲁-撒克逊的本土词，还是外来的盎格鲁-诺曼词，英语词汇在它的不同领域内部都繁殖出了大量变体。这就同时解释了英语词汇罕见的丰富性和同样罕见的一词多义现象的大量存在。同一个词的不同词义的大量繁殖使得英语变成了一门难学的语言，这样词义叠加的例子数不胜数，尤其是在 11 世纪末引入的外来词群体中。那些一词多义现象没那么多的语言，如法语，从这一层面上来说就没那么难学了。

因此我们可以看到，英语是以一种比较有创造力的方式来利用盎格鲁-诺曼来源词的。一方面，它用引入的抽象词语来丰富自身的词汇构成。另一方面，在指代物质及客观现实的具象词汇领域，它不仅大量保留了后来在法语中丢失的中世纪的具象词义，而且还在这些诺曼来源词之上移植了新的词义。促成这条与法语完全不同的发展轨迹的各种因素，我们将在本书的第五章第五节来研究。在此之前，应该探讨英法两门语言关系的扭转，即英语占据主导地位之后的种种表现以及造成这一局面的一些原因。

第二章　英语主导下的世界

1　传播机构倍增，英语征服世界

在当今世界，英语的主导性是显而易见的。这种主导性几乎遍及全球。英语在今天发挥着通用语（在英语中被称作"lingua franca"，这个词最初指代地中海沿岸地区通行的萨比尔语）的功能。在历史上，在不同地区，当然也存在过别的通用语。以古代为例，在公元前6世纪庞大的波斯帝国境内，埃兰语以及后来取代它的波斯语都曾被大范围使用过。说实话，最初使用波斯语的人只是精英阶层和普通民众中的一部分，但它被强加到母语并非波斯语的其他民众身上，这群人中还有一部分是文盲。后来，则轮到波斯语在它的两个主要流通区域内被别的语言所取代。19世纪，在印度的各级法院及其西北的一些地区（后来成为巴基斯坦和阿富汗），波斯语被强势殖民政权所使用的英语所取代。20世纪，在中亚地区，它又被苏联所推广的五大疆域（哈萨克斯坦、吉尔吉斯斯坦、土库曼斯坦、塔吉克斯坦、乌兹别克斯坦）的地区语言所取代，当时苏联对这些社会主义共和国进行疆域划分的依据正是语言。同时，俄语也自然而然地在这些地区受到推广（参见后文）。当然，我们也要看到，作为精英阶层的通用语而流行了千年的波斯语并没有被彻底消灭。因为今天的伊朗语就是这门语言的现代形态。另一方面，在上文中提到的最后两片疆域内，其中一个民族说着一门和波斯语亲缘关系非常近的塔吉克语；而在另一片疆土的一部分地区内，人们则说着同样受到波斯语不小影响的乌兹别克语，该语言属于突厥语族中的一支。

在公元后最初的几个世纪里，即罗马帝国扩张最鼎盛的时期，形态正处于不断演变之中的拉丁语是一门传播颇广的语言，一如几个世纪之前大希腊时期的希腊语。在之后的拜占庭帝国内部，拉丁语仍将保持这一地位。同样是在这一区域，即今天的近东地区，还有一门语言也作为通用语而流传，它是亚拉姆语。包括拿撒勒的耶稣在内的所有犹太人当时说的都是这门语言。事实上，早在几个世纪之前，即公元前538年"巴比伦囚辱"结束、希伯来语退出日常使用领域开始，它就已经被采用。

阿拉伯语曾随着伊斯兰教的传播影响了很广阔的一片区域。虽然在其所到之处，人民均被伊斯兰化，但它并没有因此而成为一门流行的语言，当地人还是各自保有自己的语言。从18世纪中叶开始，尤其是到了布尔什维克政权统治时期，俄语曾一度成为以下这片广袤疆域内的通用语言：它包括了俄罗斯和一直延伸到白令海、鄂霍茨克海以及日本海的整个西伯利亚地区。今天，在那些曾经属于苏联的国家里，老一辈人依然懂俄语。西班牙语是西班牙、墨西哥、中美洲和南美洲大部分地区的语言。葡萄牙语是葡萄牙、巴西、莫桑比克、安哥拉、几内亚比绍以及佛得角的语言。从文艺复兴到20世纪，德语以及在某程度上的意大利语都在西欧得到了一定的传播。

最后，东南亚方言的书面形式，即作为上座部佛教传播媒介的巴利语，也曾覆盖了从斯里兰卡到柬埔寨，并囊括了缅甸、泰国和老挝的这片土地。不同的是，曾经使用过这门语言的每一个地区，尤其是那些将它视作外来词宝库的地区，都以一种不同的音节书写方式来标注它，且以不同的方式发音。这一点可以对比今天日语中的汉字读法、17 世纪 60 年代之前越南语中的汉字读法，以及 20 世纪初之前韩语当中的汉字读法。这一现象意味着巴利语扩张所覆盖的区域比起古代的拉丁语来说更受局限。

但不管怎样，上述这些通用语中没有哪一种语言的流通程度可以与今天的英语相提并论。因为它们都只是在世界的某些部分存在着影响，无论这些部分所代表的区域是多么的广阔。英语之外只有一门语言在五大洲都存在，那就是法语。全世界有 70 个国家将其作为官方用语或推广它为主要用语。不过要以说该语言的人数而论的话，它不如西班牙语、俄语或者阿拉伯语。但是，英语在传播广度和使用人数上都大大超越了法语。因此我们可以说英语在今天成为了人类有史以来最重要的通用语，它同时实现了空间上和时间上的主宰。

英语的这一统治地位像是早已铭刻在了历史进程之中。公元 1780 年，即 1776 年 7 月的《独立宣言》发布四年之后，预备在 1797 年接替乔治·华盛顿成为美国总统的约翰·亚当斯，颇有预见性地写下了以下这段话：

> "英语注定在下个世纪以及之后的多个世纪成为世界语言，而它的流通程度将超越曾经的拉丁语和今天的法语。原因很简单：美国不断增长的人口以及它与所有国家之间的联系必然导致它的语言被普遍使用。"［参见卡亨（Kahane）题为"美式英语：从殖民时代的次等品到声名显赫的语言"（American English：from a colonial substandard to a prestige language）的文章，收录在 1992 年版的《另一种语言：跨文化

的英语》（*The Other Tongue，English across Cultures*）一书中，
第 212 页]

这还不是全部。在这些美国奠基者的思想里，这个国家的使命就是领导世界。因为它与众不同；也因为早在 1783 年独立战争胜利到来之前，救世主降临说（固然不无裨益）就已经深深植根于以下这一信念之内：即从一开始，这就关乎了历史的重启，以及与过去尤其是宗主国英国所代表的过去的彻底决裂。正因为如此，他们才一早确立了将美式英语从英式英语中区分开来的愿望，同时，这与美国诞生的背景、与同大不列颠殖民政权的抗争也是分不开的。

英式英语作为模板这一理念明确地被早期的爱国者们所抛弃，尤其是参与签署《独立宣言》的本杰明·拉什（B. Rush）。他在 1798 年写道："当今时代是美国的简易书写时代。"而自 1783 年开始，这一立场就已经被诺亚·韦伯斯特（N. Webster）所推广。在其著名的 1828 年版《韦氏词典》（*American Dictionary of the English Language*）（此书不断被再版）问世之前很久，他就强调了放弃亲英思想的必要性，强调在总结最普通民众的习惯用语、使各行业用语均等化和推行非正式用法这三大基础上建立一套美式英语标准。这一差异化的愿望是美式英语的根本，也是今天其语言面貌极易辨识的主要因素。然而，由于文化上的同源性以及英美两国历史上千丝万缕的联系，这一愿望并不足以催生出一门彻头彻尾的新语言，哪怕美式英语有着许多造就了它独特面貌的特征（参见海然热《语言之气》（*La Souffle de la language*）一书第二章，1992 年版）。正因如此，笔者在本书中所用的"英语"（或许可以称作"盎格鲁-美利坚语"）一词大体上指代大西洋两岸共同使用的那门语言。

就欧洲这一个案而言，基于英语在整个大陆的传播，有些人期待美国在此建立保护伞。这也正是布热津斯基（Z. Brzezinski）［参见《国家利益》（*The National Interest*），2000 年，第 1 页］的原话，1976年接替基辛格（H. Kissinger）成为白宫顾问以及国务卿的这位政治人物曾经宣称（参见《国家利益》，2000 年，第 59 页）：

> "美国先成就后确保了西方世界的经济重建以及军事安全。［……］这一姿态渐渐让它更深层地介入一些不太政治却又很根本的问题。"

在同一段文字里面，布热津斯基还强调了美国在武器和经济之外，通过科技、风俗和艺术来展示威望的重要性。这一威望应当促成一种"国际共识"的建立：该共识应受美国启发，由美国领导，且并不仅仅依赖于经济和军事力量所代表的权力。这个立场的基础是一种真正意义上的国家理论。它也是美国第一位主管文化与教育的副国务卿康柏斯（P. H. Coombs）的观点。此人在 1962 年提到：美国联邦政府认为经济、外交和军事这三种传统的国际行为方式已经不够了，有必要加入第四种行为方式，即文化关系。

通过某种国际激进主义的做法将美国文化推广至全球，这一明确的愿望并不是完全没有善意的。上文提到的那些作者看到了一个被赋予了教育和道德层面的各种国际责任的美国。在他们眼中，美国国际行动的合法性来自于以下这一信念：即通过完成一项世界性的使命，让美国——在他们自己看来——显得不像任何清醒的观察家所能看到的那样单纯地追求强权与财富，而是像一个受了更为高尚的理念所激励的共同体。如此一来，我们便能理解"美国公共政策研究会"

（American Assembly）的以下论调：这个辅佐美国最高政治人物的智囊团强调指出，以"国际化教育"为导向的美国行动所体现的"本质利他主义"，是"美国梦的一部分"；而支撑这一"美国梦"的正是那些美国想要与全世界分享的价值观。

然而，就算这些慷慨的目标不是纯粹的障眼法，它们也依然附带着更为"现实"的考量。我们尤其可以从前美国大使罗旺（C. Rowan）笔下读到以下这样的文字［参见《美国外交政策读本》（*An American Foreign Policy Reader*），1981年版］："我们通过传播美国的文化来帮助实现美国外交政策的各种目标。"这句话概括了1963年出版的《肯尼迪备忘录》（*Mémorandum Kennedy*）中所详细展开的内容。在这本对于美国所有参与文化输出的人员都具有参考价值的书中，尤其值得注意的是下面一段话：

> "必须通过以下两种方式来帮助完成美国外交政策的目标：a）影响其他国家的公众态度；b）就外国舆论可能会给美国现行或者未来的政策、方案以及官方声明带来的影响，向总统、他的驻外代表以及各部门机构提供建议。"

另一方面，语言作为这一貌似利他主义的意识形态的基本媒介，将延长并加固美国的霸权。观察像布朗（L. Brown）这样一个反映主导思想的作家的推论脉络实在很有启发［参见其《无边界的世界》（*World without Borders*）一书，1973年版，第76页］。在回顾那些有可能成为世界性载体的语言的过程中，他尤其剔除了法语和俄语。因为他觉得，"如果我们选择一门世界主要大国的语言，这将会让这门语言变得更具优势"，并直接与以下这一需求产生冲突：即"捍卫并保障与不同母语的使用密不可分的思想多样性"。然而，同一个作家，在刚刚阐述完这一看似合理的观点之后，便即刻借向现实和既成事实所带来的压力低头之名，提出：考虑到当下经济形势严格讲求效率和实用主义，既然英语已经占据了主导地位，不如让我们继续加强它的主导性吧！［参见厄德（Eudes），《人的征服》（*La Conquête des esprits*）一书，1982 年版，第 33 页］而与之对应的物质手段就是电子信息，这一技术抹平了地理上的距离及其所带来的文化上的鸿沟，并由此在整个地球村范围内激起一番社会和政治局面的动荡。这也就是布热津斯基在同名书中所讲到的"电子技术革命"。

对于 1950 年至 1985 年这段被上述意识形态主导的时期，同时也是美国霸权无可匹敌的时代，有一位清醒的分析家作出了如下评述。他从该政策中看到了

> "一种对于美式原则的简单套用，按照这种原则，同一个联盟内部的各个独立体（在许多领域）将它们的主权以永久的且不可逆转的方式委予一个单一的政府。［……］相互依赖现象的盛行、美国传播网络的全球性扩张、英语的优势地位、［……］本国意识形态和机构的落伍，以及一种开始崭露头角的全球共识：一切都向着建立一个统一的以美国为中心的世界体系的目标而努力。"（参见厄德的《人的征服》一书，1982 年版，第 11 页）

如果以乔姆斯基（N. Chomsky）对于他口中的"极权式民主"所做的分析为准［参见 1992 年的纪录片《制造共识》（*Manufacturing Consent*）］，人的"格式化"始于美国自己。对于民主的这一特殊理解

反对单一语言

本身可能与某种暴力不无关系。人们不时将这种暴力与美式思维的表现联系到一起。在一些作家眼中，这一暴力的潜意识来源是针对印第安原住民所实施的种族灭绝。这一悲剧持续了整个19世纪下半叶，并在1890年著名的"伤膝河大屠杀"中被推向顶点。于是，博得里（P. Baudry）写道［参见《法国人与美国人：彼岸》(*Français et Américains：L'autre rive*）一书，2007年版，第56页］：

> "美国部分地是建立在对于印第安人实施的种族屠杀之上的。随后进行的压制则通过对于暴力的狂热，如地下暗流一般找到了通向光明的路。这一暴力带来的想象空间以及对这种想象空间所做的细致的视觉表现充斥着美国文化产品，尤以影视为甚。"

当然，有人会不认同这一看法，觉得美国文化中的暴力崇拜没有比其他文化中更严重，并且拒绝印第安种族灭绝这一提法。因为一方面，尽管有着不计其数的流放、谋杀、霸占土地、强制进行种族同化、强行从印第安家庭拐走小孩并将其送入严格驱除印第安语的监狱式的纯英语孤儿院，甚至还有一些军方首脑以个人名义宣扬种族灭绝的必要性等等，但有一点是事实：即没有任何一届美国政府共同商议过一项经过细致安排的针对印第安人的种族灭绝政策，至少不像当年的纳粹德国对犹太人所做的那样，尤其是1941年*万湖会议之后。这一会议通过了"犹太人最终解决方案"，系统地布置了犹太灭绝的流程。另一方面，我们也知道丧生于西进运动中白人军队所发起战争的印第

---

* 据史料显示，会议于1942年1月20日召开。——译者注

安人的比例（10%）低于白人后来者所带来的疾病的受害者的比例（介于25%至50%之间），尤其是天花、斑疹伤寒、麻疹、腮腺炎、流感和霍乱这些印第安族群完全没有免疫能力的病种。它们整村整村地传染，几乎摧毁了阿拉帕霍（Arapaho）、夏延（Cheyenne）、科曼奇（Comanche）、希达查（Hidatsa）、基奥瓦（Kiowa）、威奇托（Wichita）这些部落［参见伊夫·伯格（Yves Berger）的《美国之爱辞典》（*Dictionnaire amoureux de l'Amérique*），2003年版，第211—230页］。

当然，也有人会说，这些疾病的引入确确实实对相当一部分美国印第安人造成了事实上的灭顶之灾，哪怕它并不像一场有组织的生化战争那样，有着一个经过系统安排的毁灭计划。无论这场争论孰是孰非，还有另外一个决定性的原因导致了一部分美洲印第安语的消失，那就是迁移。为了躲避白人的攻击、奴役和那些可怕的疾病，一些部落迁居到非本部落语言流通的地区。如此一来，要保证所有印第安语言的存活就难了。这种混居对于每一门本土语言的维系所形成的威胁在印第安人保留地更为严重。大量美国原住民部落被白人集中圈禁在那些地方，特别是在俄克拉荷马州。对于许多印第安人来说，在他们与大量其他部落的接触中，趋于保守的部落凝聚力被破坏。这一城市化进程以及单语（英语）学校政策最终都加速了语言消亡的过程。所有这些原因都源自说英语的白人社会追求强势的愿望。英语主导性是这一愿望的直观表现，将它与某种对于对抗的执着区分开来并不容易。

在美国国土之外，这种追求强势的愿望在二战之后的几十年内表现为众多旨在确立英语全球霸主地位的制度和机构的诞生。虽然个中细节过于冗长，无法深入，但至少我们可以提一下为数不多的那些联邦政府规划：从1947年起，美国就开始重组二战时期成立的大量机构，用意识形态战争代替武器战争。成立于1953年的美国新闻署

（USIA），如其名所示，在全世界散播受美国国务院控制的信息。中央情报局（CIA）则是这些机构中最出名的那个。作为一个情报部门，它的财政地位和所从事的活动（其参与者身份十分多元：从记者、学者、广告人到那些和祖国决裂的外国知识分子）或多或少地被刻意隐藏起来。

在美国中央情报局的诸多"职能"（不一定逐一承担）中，资助欧洲重建这一项尤为重要。这一建设远没有被看成是一种竞争行为，恰恰相反，它被认定为一个开放的契机，即借此为美国物质和文化产品打开一个丰富而广阔的市场。欧盟与北约（北大西洋公约组织）的边界也大面积地重合。中央情报局开展的许多其他行动涉及一切领域，尤其在三大美洲*领土范围内。

我们可以举一个特定的例子：那是一次时间上有着明确界定的行动。尽管被掩盖了两年时间，在1975年进行的美国国会调查中，它的惊人效率还是得以公开。这就是针对智利人民团结联盟代表的体制所发起的行动。通过资助反对派的基督教民主党和美资新闻集团《水星报》（*El Mercurio*），以及对于中产阶级和中产阶级出生的官员进行意识形态的包装，对一个经过民主程序选举的合法的圣地亚哥政权进行越来越猛烈的抨击。中央情报局正是这样为后来推翻萨尔瓦多·阿连得的政变创造了一个有利的背景［参见德布雷（Debray）"善用文化主导"（*Du bon usage de la domination culturelle*）一文，刊登于1980年3月的《外交世界》（*Le monde diplomatique*）］。2001年9月11日针对纽约世贸中心和华盛顿五角大楼实施的袭击在全球许多国家都受到纪念，然而，它就像是1973年同样发生在9月11日的那场几乎被彻底

---

　　* 北美洲、中美洲和南美洲。——译者注

遗忘和无视了的智利政变所带来的奇特回响。

另一个重要组织是美国和平队。它由肯尼迪总统在 1961 年创立，目的是通过派遣美国志愿者对世界上最贫穷的国家进行技术劳力援助。它的作用尤其体现在通过用英语教授美国文明与历史，在被援助国民众中间推广一种对于美国人民的恰当理解。和平队还努力为美国的教育及其他活动机构与发展中国家的对应机构之间能够形成"兄弟关系"保驾护航［参见迪朗（Durand）的《20 世纪的一个常规殖民地》（*Une colonie ordinaire du xxᵉ siècle*）一书，2010 年版，第 81—82 页］。1977 年，美国国会拟定了一个囊括 35 个政府组织的清单，这些组织与 110 个总部设在华盛顿、据说是非营利性的国际私人教育机构都有联系。是年，美国国际开发署已然成立，这个庞大的网络植根于美国众多欠发达盟友国家的政府和行政体系内部。它对于这些国家富裕的精英阶层的助推丝毫不亚于贫苦大众，甚至更为有力。

美国国际交流署（USICA）也是最活跃的组织之一。它成立于卡特总统任内，预算颇丰，与权力中心保持着联系。除了一些中央部门之外，这个组织还有五个地区办事处，覆盖了非洲、拉丁美洲、欧洲、远东及太平洋地区，最后是北非、中东和南亚。它的宣传职能通过以下诸种途径得以实现：电台和电视（美国之音）、电影、报纸、出版物、展览、为外国学生和学者设立的奖学金，以及与全世界的美国文化中心建立的联系。此外，还有一个名为"新美国世纪计划"的协会活跃于 1997 年至 2006 年间。它隶属于美国民族主义精英阶层，旨在为最高层的官员们提供建议以维系并扩大美国在世界不同地区的存在感。

有一个语言学家协会也值得一提，那就是 SIL（暑期语言学院，Summer Institute of Linguistics）。它由一个长老会牧师在 1934 年创立，成员同时也是新教传教士。出于发展教徒的热忱，长期以来，它从事着一项高效的翻译工作，即将圣经译成拉丁美洲、非洲和大洋洲的一些濒危的部落及地方的语言。随着时间的推移，这个起初被定义为利用语言能力来进行福音布道的机构与美国中央情报局建立起了各种联系。诚然，英语并不是这项任务的受益者。真正得利的是中南美洲诸多与美国有着重要政治商业关系的国家的官方语言，即西班牙语。因为暑期语言学院尤其鼓励当地原住民不仅仅单纯为了语言本身而学习他们本土语言的书写和阅读，而且还要将它们作为学习西班牙语的桥梁。

这些不同形式的活动所带来的收获众所周知。单以法国为例，值得引起注意的一点是第二次世界大战之后，美国文化带来的冲击就是紧随着美国援助下的经济复苏和马歇尔计划而发生的，前者是后者的代价。1946 年签署的"布鲁姆-伯恩斯协议"无限制并永久性地为大量美国视听工业产品进入法国打开了大门，因此也同时为一种文化和社会模式的普遍确立提供了可能。我们需要将这场冲击与对于美国自发的兴趣区分开来。二战之前，法国的知识分子，像乔治·杜阿梅尔（G. Duhamel）、让·吉罗杜（J. Giraudoux）、安德烈·莫洛亚（A. Maurois）或者安德烈·西格弗里德（A. Siegfried）等都曾将美国的哲学、生活模式、传播模式、经济关系模式等作为特征来进行过分析。但这次的冲击带来的是一种强大的压迫，我们可以认为它的目的是通过无处不在的美国电视和电影来推销一种样板，与法国文化下的影视产品竞争（参见博得里《法国人与美国人：彼岸》一书，2007 年版，第 245 页）。

美国的主导性行动中所体现的激进主义还有另一个收获，那就是自 1945 年起，美国控制了国际信息交流的主要手段。在联邦政府接手并给予支持之前，这首先是一个私人创举。在二战尚且进行得如火如荼之际，就已经有一些研究对非美国的通讯社提出质疑，这也为后来的举动埋下了伏笔。事实上，自 1942 年开始，在一本名为《推倒藩篱》（*Barriers Down*）（标题本身就有着明确的指向）的书中，肯特·库珀（K. Cooper）就写道［参见席勒（Schiller）"信息自由流通与主导世界"（Libre circulation des informations et domination mondiale）一文，刊登于 1975 年 9 月的《外交世界》。此段内容也同时被厄德引用在《人的征服》一书中，1982 年版，第 66 页］：

> "美联社管理层正在考虑是否应该努力打破法国的哈瓦斯通讯社对于广袤的南美大陆的控制。这一控制倚仗的是一套 19 世纪就存在的、按地区分布来传播信息的体系。"

　　二战刚一结束，美国当局就以整合信息的名义，强烈支持这一取代计划，即用一个美国通讯社取代法国通讯社。结果，如同美国应得的一个战利品那样，拉丁美洲"突然被切断了传统的信息和文化的输入来源"（参见迪朗《20 世纪的一个常规殖民地》一书，2010 年版，第 79 页）。而在这些信息源头里，法国和法语曾发挥了重要作用。美国的行为其实是对一个更早期计划的实现，即通过一种将拉丁美洲包括进来的泛美主义眼光，加深美利坚合众国的美洲身份。这一视角鼓舞了民族学家的研究，人们一直期待着他们发现古代美洲的一些大型遗址，比如印加帝国的马丘比丘遗址（在安第斯的克丘亚语中意为"老山"）［参见洛佩兹·兰奇（Lopez Lenci）的《库斯科：现代的帕纳吉娜》（*El Cuezco, paqarina moderna*）一书，2007 年版］。

　　为控制信息交流手段所做的努力不止于此。强大的英国路透社还占据着优势地位：它能实时地将庞大的大英帝国国土上的信息传送到伦敦的中心。与此同时，澳大利亚、加拿大和印度等英联邦国家的凝聚力也得以加强。这一切都是因为大东电报局让大不列颠占有了世界上最大部分的海底光缆。

为了脱离英国的控制并以美国的通讯社取而代之，美国人找了"全世界共享信息获得权"这一理由（参见上文提到的席勒的著作）。英国和法国一样，都没有能力阻止这一计划。因为在战后的背景下，它们连生存都得仰仗美国的支持。有意思的是，1945 年 6 月宣告联合国成立的旧金山会议召开于墨西哥泛美会议四个月之后，这次会议通过了"自由获取信息"这一决议。而在墨西哥会议召开五个月之前，美国国会还曾提出一项动议宣告"采集和传播信息的通讯社都有权分享信息获取权"。

打破"过滤并隐藏信息的藩篱"这一迫切愿望得到了很好的表达，尤其在艾哲（J. Eger，曾任尼克松和卡特总统的顾问，同时也是联邦电信办公室前主任）口中。但它又等于否认了一个自由国家应该享有的特权，即合法掌控进出本国的所有信息。正是通过这种方式，在那些大原则背后（比如信息自由流通，或者说通过了解来帮助贫困国家摆脱欠发达状态的必要性），美国政府仗着国际条约强大的法律效力，为本国的文化工业打开了世界各地市场的大门。这同时也意味着通过传播英语和美国意识形态，来打击那些以反美而闻名的国家。1950 年成立的国际新闻学会很好地完成了这一任务。

美国之所以能实现以上各种影响，依靠的是电子、信息和卫星空间技术的惊人发展。这不仅反映在本国组织之上，各大国际组织也不例外。于是，联合国教科文组织也成了美国征服人心的一件备用武器。因为在其世界性的教育和文化使命之外，该组织对于推广美国国务院国际政策的重要性也将很快得到认可，尤其是它反对"苏维埃威胁自由世界"的行动。让美国为类似行动所做的准备变得更加坚实的则是技术上的进步，它将美国置于世界领先地位。通过对于数据库网络几近独享的控制，这个国家变成了某种世界的记忆卡，进而实现了它的主导地位。这一主导日益加快的节奏更是一件有效的武器，抵抗竞争对手们可能创立的与之匹敌的体系（厄德，《人的征服》一书，1982年版，第90页）。

支撑全球英语教学所耗费的庞大的美国资本在一项利润高达数十亿的产品出口中得到了补偿。那就是以书本、电影、CD 等形式而实现的英语这门语言本身的出口。更何况英语还是跨国交流当中的主要用语，它的这一地位所产生的经济效益也抵消了这部分费用。因此而省下的巨额数目很容易从另一个角度得到体现，那就是非英语国家努力学习英语所耗费的成本［参见格林（Grin）的"文化多样性的成本"（On the Costs of Cultural Diversity）一文，2004 年发表］。而那些英语国家则可以不费吹灰之力地从他国的努力中得利。

2　语言塑造人

此外，不管是在传播美国意识形态方面，还是在传播大西洋彼岸的人对于政治和民主的理解上，英语的出口都扮演了关键角色。思想和语言之间的这一紧密联系曾经得到强调，尤其是那些支持洪堡特-萨丕尔-沃尔夫假说的作家。该假说被冠上了三位 19 世纪和 20 世纪语言学家的名字，后又被别的语言学家，例如 L. 叶尔姆斯列夫（L. Hjelmslev）、K. 浮士勒（K. Vossler）、J. 特里尔（J. Trier）、C. 巴利（C. Bally）、S. 乌尔蒙（S. Ullmann）以及像 E. 卡西尔（E. Cassirer）那样的哲学家所重提［参见穆南（Mounin）的《翻译的理论问题》（*Les Problèmes théoriques de la traduction*）一书，1963 年版，第 45 至 46 页]。根据这一假说的分析，通过在客观现实中所进行的筛选，每一门语言都按它自己的方式来构造思想。引用威廉·冯·洪堡特（W. von. Humboldt）的说法，就是人们无法走出"由他自己的语言所定义并划定界限的那个圈"（出自一本 2000 年再版的随笔）。如果接受这一假说的话，那么可以认为，英语就是权力的一个重要杠杆，因为它强加了英语国家的世界观。同时，我们也能理解为什么美国领导人如此重视它的教学：因为他们认为只要英语得以传播，以英语为媒介的美国的生活方式和价值观就能随之传播到全世界。

占据并传播词语，就是占据思想。卡特总统曾在 1978 年说道："低估词语和词语背后的观点的力量是一个错误。"［此话被莱因哈特（Reinhart）在《美国国际交流署的世界：1980》（*USICA World 1980*）一书中引用，1980 年版，第 18 页］当然，按他们的理解，要推广的只是英语词语而已，而地球这个大平台也以美国为中心。很明显，他们似乎想要建立的那套带有普世目标的哲学事实上远不是没有国籍的，它源自于美国单方面秉持的对于承担一项全球性使命的信念。美国上层政策的设计者们完完全全地意识到了思想、词语和语言的重要性；他们追求的，或者说他们在美国最强大的时期曾经追求过的，就是对于人的精神的征服。在《今日政治》（*Politique aujourd' hui*）（1975年 1 月第 1 期，巴黎）一书中被引用的一篇美国国务院的文章中，大家可以读到以下这段话：

> "在这个日益缩小的地球，［……］，塑造明日世界的文化将会是那些能够投射自己形象的、能够发挥其强势影响力并实现长期控制力的文化［……］。如果我们想要让我们的

价值观和我们的生活方式获胜的话，那么就不得不与别的文化和别的权力中心展开竞争。为了迎接这一竞争，美国必须要强制推行自己的行动方法、自己的金融和商业技巧，还有自己的司法体系和概念、自己的政治哲学、自己的交流方式、自己对于流动性的看法，甚至在艺术领域也要这样做。"

在这场竞争中，获胜的必然是懂得如何通过一种共有文化建立起纽带的那一方。因为这样一来，它就成为了共识的缔造者。而由于这些共识具备了感染内心的强大力量，同时还有模仿所产生的非理性因素，它们带来的好处比纯粹经济上的援助来得更为坚实。在一份现存的提供给英国文化协会的美国机密档案中，人们很容易读出一种对于语言在人的塑造过程中所起作用的清醒认识：那就是 1961 年的"英美会议报告"。里面写道："主导性的语言"必须"强加另一种世界观"［参见海然热《为法语抗争：以语言和文化的多样性之名》（*Combat pour le français：Au nom de la diversité des langues et des cultures*）一书，2006 年版，第 64 页］。有一件特别有效的工具能够帮助一门语言确立地位，并由此逐渐灌输思想方式，那就是电影。克劳德·奥当-拉哈（C. Autant-Lara），一个在好莱坞制片厂待过许多年的法国电影人，在他的一本书中提到［参见《欧洲派拉蒙》（*Europaramount*）一书，1992 年版，第 37 页］：20 世纪 80 年代初，他曾听到美国最大的那些电影公司的老板公开宣称要抢占欧洲院线里最大最好的那部分；并在欧洲、然后是全世界普及"美式生活"和"美式思维方式"。而事实上，该计划在 20 世纪 20 年代就已经成形。

由于在许多国家，民众总是被那些以最大决心且不计成本地用大量词语灌输的内容所吸引，上述计划也就变得简单了。像"benchmarking"（"标杆管理"）、"fastfood"（"快餐"）、"management"（"管理"）、"teenagers"（"青少年"）这样的词语都承载了美国的生活方式。还有经常在政治语境下和媒体上出现的"正确"（correct）一词，也对服从于既有模式、也就是单一思想起了引导作用。我们举日本为例：自 1945 年开始，这个美国曾经在军事上的死对头变成了受美国影响极深的国家。在某一些领域，像两性关系领域，日本，尤其是日本男人，大量引入英语词：比如"男朋友/女朋友"（boyfriend/girlfriend）和"约会"（date）这样的词，它们在日语中几乎没有对应的表达方式，或者说挤掉了本土的竞争词语［参见斯坦劳（Stanlaw）的"日语沟通策略中的英语词"（English in Japanese Communicative Strategies）一文，收录在 1992 年版的《另一种语言，跨文化的英语》一书中，第 190—191 页］。

另外还有像"loser"（"失败者"）和"whistleblower"（"举报者"）这样的词。前者指代在其所从事的事情中经常受挫的个体，他失败是因为他没有给自己制定一个明确的目标。这个词有着丰富的隐含意义，它将描述对象远远拉出了"失败"这一简单的概念。因为"-er"这个后缀表示的是一种内在的特质，也就是说，原本只应该与行为有关的一个词最终指向了本质（参见博得里《法国人与美国人：彼岸》一书，2007 年版，第 64 页）。如此一来，人就只能通过行为来表征了：即通过剥离人自身来满足行为，仿佛离开了行动和它产生的结果，就没有别的什么可以用来深度定义一个个体的个性了。这样的视角与源自希腊思想以及犹太-基督教哲学的对于人性的欧式解读格格不入。美国文化所推崇的为实现自我超越而做的努力恰好也带来了"成为""失败者"的风险。对于那些没有类似崇拜的文化而言，这个词语以及它背后的内容所产生的影响不无威胁。

另一个词，"whistleblower"（"举报者"）（参见博得里《法国人与美国人：彼岸》一书，2007年版，第67—68页），并没有像"loser"那样大肆地被欧洲各种语言所借用，但它却反映了不同思想方式之间深刻的差异。这个词语在英国非常罕见，可能了解美国文化的人能猜到它的意思。除了"举报者"，我们看不到还有别的词能够翻译这个字面意思为"吹哨者"的词语。因为从隐喻角度来说，吹哨者事实上就是那个向当局举报他所观察到的某种违法行为的人。被举报者就是一个"wrongdoer"，字面解释是"做坏事（有违公平、有违道德、违法等等）的人"。我们注意到这个具有伦理内涵的概念在法语中不太常见，没有哪个现成的词能直译它。"malfaiteur"（"作恶者"）字面上看上去似乎与其相对应，但事实上，它主要表达社会与司法层面的含义，其词源上所具备的道德层面的内涵在今天已经没了痕迹。一个"malfaiteur"触犯的是（基于对他人及其财产的尊重而制定的）法律而不是伦理。在美国法律中，"举报者"的行为被认为是符合公民意识的，然而在法国，他会被看成一个不怀好意的"告密者"。这一概念又一次证明了美国文化与通过英语而受到它强大压力的其他文化之间的区别。但到目前为止，它未（尚未？）被引入法语。

由于联邦宪法没有指定官方语言，在美国存在着反对那些可能威胁英语在该国霸主地位的语言的运动；这些运动与英语在美国内部的推广结合在了一起。它们试图让人们在英语之外的一切语言身上都看到一种严重威胁，而非一种丰富性。于是，在1986年，有七个州各自通过了一项州宪法的修正案，而美国的联邦体制赋予了它们这样的权力。按修正案的说法，在这些州内，英语一直享有官方语言的名声。大约在同时期，一场有组织的反对西班牙语的运动轰轰烈烈地发展起来，它主要受"唯英语运动"影响（参见海然热《让语言消亡停步》

一书，2000 年版，第 237—238 页）。原因是在加利福尼亚、得克萨斯和佛罗里达这些州，西语居民很早就开始推广西班牙语。这门语言也因此被认定为有可能侵蚀英语地位。

而其实根本没有所谓的侵蚀。现实恰恰相反，在大部分英语国家，英语的统治地位导致单语主义主导了这些国家，并且让它们对其他语言关上大门。支撑这一局面的单语思维不断扩张，损害了少数人为放开外语所做的努力。美国和英国是学习外语最少的国家之一。仅以教育和研究领域为例，直到 20 世纪 60 年代初，美国还一直执行着"博士外语要求"的规定，也就是说所有博士申请者必须有能力理解一篇与其研究领域相关且用外语写成的学术文章。显然，这样的措施有助于让美国博士生接触英语之外的其他语言。然而，一段时间之后，这一规定在数学、生物和经济这三门学科内被取消。随后，也就是在 90 年代初，它甚至被彻底废除［参见迪朗的"传播使徒们的虚伪"（Les impostures des apôtres de la communication）一文，刊登于 2004 年的《全景》（Panoramiques）杂志，第 115 页］。至于英国的学校，我们需要强调的是，从 2001 年开始，学习至少一门外语已经不再是强制性的了。当然也应该指出：许多美国大学——英国可能也一样——都保留了这种"过渡仪式"；而且，这两个英语大国的精英知识分子的双语能力也比我们想象的要强。

在美国国土之外，英语的强势已经到了将其他语言淘汰的地步，因为后者被看成是一群危险的竞争对手。俄语在越南的情况就是一个例子。按照厄德的说法（参见其《人的征服》一书，1982 年版，第 59 页），越南经济的腾飞一直到 1995 年才成为可能。因为在那之前，美国政府一直对国际货币基金组织和世界银行可能对越南实施的借贷投否决票。但这张否决票的撤销同时意味着越南接受了美国强加的一系列附加条件，其中之一就是在所有的越南学校里，用密集的英语教学取代俄语教学。同样是在这个地区，还存在另一个现象，那就是大量曾经培育了部分越南精英的法语书籍从西贡所有的大学图书馆里消失，取而代之的是整车整车运送来的美国书籍，有人亲眼目睹了这些来回穿梭的大卡车。更有甚者，当局采取了一系列措施让选择英语书籍看上去像是一个完全自发的行为（参见迪朗的《20世纪的一个常规殖民地》一书，2010年版，第57页）。

　　针对语言这一对任何人民而言都是不可剥夺的财产所发起的攻击，以及这场攻击所体现的价值体系，至少反映了美国人的一个信念：那就是接纳英语和英语所表述的概念能带来更高的价值，它对于所有国家的人民而言都是有益的。这甚至可能反映了美国人对于随之而来的本土坐标遗失的某种漠视。在20世纪80年代末，少数美国国会议员还曾经宣称：地球上的6,000种语言里，有5,999种都是多余的（参见迪朗的《20世纪的一个常规殖民地》一书，2010年版，第64页）。可见美国这一不乏专制色彩的、完全乌托邦式的信仰可能植根于受"弥赛亚"思想启发的一系列理念之中。

　　为了确立英语的霸主地位而做的推广是以牺牲其他语言为代价的，有一个明显的例子可以很好地展示这一点：那就是所有反对法语这个历史上曾经比英语更占优势地位的主要对手的举动（参见本书第一章）。这些举动有着诸多表现，举两个例子即可。首先，从1971年英国加入欧洲经济共同体之后，英语造成的压力就逐渐将法语边缘化，尽管后者依然保有官方语言地位。但同时，没有任何文件倡导或者认可这一演变，原因是：与正面打击相比，渗透战略通常显得成本更低，也更为高效。查阅近30年的报纸就可以发现，英方代表们，尤其是尼尔·基诺克（N. Kinnock），颇有实效地让英语作为一种自然沟通模式

反对单一语言

单独渗入越来越多的文件、辩论以及决议场合之中；同时还避免在这个问题上引发讨论。另一个表现则是"gallic"一词的频繁使用：该词中性的含义为"高卢人"，但它同时还有一个贬义的嘲讽含义，那就是"坚信自己有优越性的法国人"。在古典时期，当法国文化的敌人们将法国及其学术作品称为"高卢的赫拉克勒斯"（Hercule gaulois）之时，他们想表达的就是这一讽刺画面。

先在国际范围内传播英语，再确立自己在全世界所有领域的霸主地位——美国的这一政策也不是没有碰钉子的时候。以主导世界为目标所进行的英语传播造成了一个看似意外的后果：那就是美国将自己封闭在了某种文化隔离区的内部；诚然，还有那些接受并帮助英语传播的人与美国同在，但所有这些人都被孤立于受别的文化及语言主导的世界其他地区尤其是穆斯林国家之外：正如2001年9月反美袭击之后，美国与阿富汗、巴基斯坦或者伊拉克出现的紧张关系所表现的那样。

美国政府对于非英语国家民众心理状态估计的不确定性和判断的模糊性似乎愈发严重，对于华盛顿的执政者和国会议员们而言，这些国家的文化似乎和它们的语言一样无法看透。类似的情况出现在1979年，那时的美国没有预料到伊朗正在筹划的一场革命，原因是政府驻德黑兰的代表们只使用英语，且遵循一种自上而下和单边主义的程序，因此他们没能掌握伊朗人日常交流中提到的任何信息，而这些信息几乎未加掩饰，任何外国人只要学过波斯语就能理解。

但是无论如何，如果说美国文化及其语言对于全世界的主导在二战之后的三四十年内达到了一个顶峰的话，那么，这一主导地位在随后的一段时间内已经开始削弱，正如我们即将看到的那样。

3　"降温"的征兆

　　每个民族看问题的视角都建立在与自己语言的辩证联系之上，即便面对一门受到强力支持的外语对其可能造成的竞争，这些视角对于思想体系以及民众的想象空间依然施加着压力。仅仅出于这些视角的多样性和它们所带来的压力，美国通过语言和以语言为基础的心理表现而展开的对于世界的有计划的入侵就不可能完全成功。任何两种语言在任何时候相撞，都会反映出两种视角之间相互的不透明。

　　除了词语的相互孤立之外，还有一种不透明的情况和语言的形态结构有关。在此笔者只举一个很能说明问题的例子。斯库亚尼人（Sikuani）居住在奥里诺科河中游、哥伦比亚和委内瑞拉境内的印第安人聚居区的一个村落，他们的语言属于瓜锡伯语（"guahibo"）一支，地缘上邻近其他美洲印第安语，尤其是阿拉瓦克语和加勒比语。在 20 世纪 80 年代末由暑期语言学院（SIL，参见本章第一节内容）组织的一堂扫盲课上，斯库亚尼人在他们的文章中大量地使用了"pina"一词。该词是斯库亚尼语中的一个语法助词，表示某人所讲的内容并非出自亲身经历，而是道听途说。因此，"pina"就是语言学家所说的引用标识，经它标注的话都是引语。

　　然而，斯库亚尼人震惊地发现，他们交给暑期语言学院老师（兼传教士）的习作当中出现的所有"pina"都被划掉了［参见奎克萨洛斯（Queixalos）的"斯库亚尼语与信息来源的类别"（Le sikuani et la catégorie de source de l'information）一文，2007 年版，第 140—141页］。这些印第安人得到的答复是：有一条"语言学规则"废除了"pina"的使用。由于在自己的语言里看不到任何这一类的规则，他们便求助于一个世俗语言学家。后者在仔细检查了由传教士翻译成斯库亚尼语的《新约》之后，不无惊奇地发现里面完全没有使用"pina"。然而，该地区还有大量其他美洲印第安语也含有这类引用标识，强制性出现在那些陈述非亲眼所见的事实的句子当中。与说这些语言的印第安人情况类似，斯库亚尼人在表述自己没有亲身经历的事情的时候，无法不用"pina"一词。这并不意味着他们质疑福音书的描述，而只是简单地因为他们的语言不允许他们像介绍自己亲身经历那样介绍外人传授的事实。

同样地，在用舍巴语（sherpa）写就的关于佛祖生平的一篇文章中，引用标识大量出现；但这并不表示作者对于所陈述的事实有丝毫怀疑，而只是因为按照舍巴语的规定，必须使用这些标识［参见海然热在《巴黎语言学公报》（*Bulletin de la Société de linguistique de Paris*）上的一篇纪要，2009 年，第 20 页］。在传教士们所说的英语中，不存在任何与斯库亚尼语中的"pina"相对应的词，因此他们与斯库亚尼人之间可以说是彻底地互不理解。对于传教士而言，将福音书讲述的内容用一种表示非亲眼所见的、带有距离感的语言形式加以表达，等于是否认基督教的真理。然而，这根本不是斯库亚尼人的初衷。这种效果就如同我们将《路加福音》的第 22 章第 19 节改写成以下这种形式："据说耶稣拿起了饼，祝谢后，据说他将饼劈开，并递给他们，说：'这是我的身体。'"*对于一个可能学过法语的斯库亚尼人来说，这种表达很自然。相反，对于一个说法语的基督徒而言，这种句式就很奇怪，或者说无法接受；因为尽管这里所用的条件式相当于一个引用标识，但这种通过引用表现出来的距离感就意味着疑问。对于说英语者亦如是。如此一来，语言和文化背景的差异就从本质上阻碍了暑

---

* 原文所有的动词都以条件式形式出现。——译者注

期语言学院的传教士们对于某些民族的反应的理解。因为尽管传教士们带去了福音书和美国文化，但当地民众的思想是由他们母语的语言结构、而不是由传教士所强加的英语来决定的。

在另一些层面，个别美式思想方法在国际传播中所遭受的阻碍甚至超越了文化暗示或者语态结构的不透明。这尤其与一种在口头报告中大量使用的工具有关，它的有害性举世皆知，甚至在美国本土它所带来的风险也遭到批评——那就是微软公司在 20 世纪 80 年代末开发的 Powerpoint（文稿演示）软件。90 年代初，它以一种越来越具侵略性的姿态被推向市场。它的某些用途看上去并不带有特别的认知上的风险，尤其当它用于大学科研报告或者研讨会上不同学科研究者之间交流的时候。但这款受电脑支持、将多种视听元素融入被压缩的文本之中的演示软件，在公司里也成为了员工履历甚至升职机会上的一个要素：因为使用 Powerpoint 是一种必要能力。公司希望他们的员工能够对其进行灵活操作，也就是说懂得在一次陈述当中，对图像、照片、图表、视频、网络链接、各种音效甚至一些制造笑料的短片进行组合。

正如弗洛莫（F. Frommer）所说［参见《Powerpoint 思想：对于一款使人变蠢的软件的调查》（*La Pensée Powerpoint. Enquête sur un logiciel qui rend stupide*），2010 年版］，作为一份已经侵入欧亚各工业国的典型美式职业，顾问的泛滥同时也就是 Powerpoint 的泛滥。因为正是这一高效的工具让他们能够通过千变万化的自我演示，通过纯粹以商业为目的吸引眼球，兜售他们赖以为生的战略建议。事实上，这种喧闹的配搭掩盖了思想的贫乏，原因是预先存储的用于推介和解读的幻灯片以及模型一旦定量，就形成了一个非常局限的环境，以至于句子被强制压缩、逻辑助词被强制剔除、表达方式上被迫出现省略、语义空洞，结果是受众们在理解的假象之中，被剥夺了现实讨论和理性判断的可

能。2001 年,《纽约客》(*New Yorker*)一篇名为"一款软件如何决定我们的思想"的文章这样写道:

> "Powerpoint 出奇地擅长于掩盖一项提案的脆弱、一个商业计划的空泛,[……];由于视觉引起的注意力分散,陈述者能够迅速地遮掩自己的理据当中所有可笑的缺陷。"

杜夫特(E. Tufte),美国一位传播领域的专家,示范讲解了国家航空航天局(NASA)的工程师是如何因为 Powerpoint 平面设计机制的滥用,因为其将话语不断转化为缺乏真正思想的表演这一事实,因为其在串联有逻辑组织的具体观点上的无能,而遗漏了一些基本信息的[参见杜夫特《Powerpoint 的认知风格》(*The Cognitive Style of Powerpoint*)一书,2006 年版]。2003 年,美国前国务卿鲍威尔正是在一次以 Powerpoint 为辅助的发言中,依靠这款软件的技巧和一些模糊的图像,试图向联合国证明伊拉克存在大规模杀伤性武器的。我们当然不能完全排除伊拉克拥有这些武器、并将其藏于叙利亚或者伊朗的可能性,但没有什么能证明这一点。而鲍威尔也没有列出基于事实基础上的证据,却只是简单地将美国的介入解释为合理行为。他的成功是因为 Powerpoint 这个工具消除了回应能力,扼杀了一切批判精神,并压制了思维活动的组织:即矛盾、疑问、题外论、对话、请求和论据的产生等等。作为美国众多由军用转民用的工具中的其中一种,今天,至少在法国,对于 Powerpoint 的使用变得越来越谨慎,哪怕在美国,美军的大量负责人也持相同的态度[参见克雷默(Krémer)刊登于 2010 年《世界杂志》(*Le Monde Magazine*)上的文章]。Powerpoint 就像是单一思想(或者说思想摧毁)的保证,只要我们想到这一点,对其所持的保留态度便可以理解了。因为安装了这款软件的电脑不再如信息技术诞生之初那样，是我们思想的反映，而有可能成为一件塑造思想的工具！

除了对一款大众软件所表达的这种质疑之外，还存在一些针对美国干预各种文化的局部的反对声音。比如在马来西亚，公立学校长期以来都使用英语来教授数学和自然科学，但吉隆坡决定从 2012 年起，重新回归马来语教学，理由是英语在科学领域的使用阻碍了马来词汇的现代化。同时，政府还认为，在 2004 年至 2010 年间，马来西亚的数学和自然科学的世界排名之所以下跌（前者从第 10 位跌至第 20 位；后者从第 20 位跌到第 21 位），英语难辞其咎（参见迪朗的《20 世纪的一个常规殖民地》一书，2010 年版，第 90 页）。另外，有一种声音也对美国大学教育具有优越性这个强加的观点表示反对。举例而言，我们注意到，大部分注册了美国大学第一阶段学业的日本学生并不是出于那里的教育质量更高，而是因为这些学生没能考上日本国内的名校 [参见迪朗的 "不是英语就不值一读！"（If it is not written in English, it is not worth reading!）一文，刊登于 2006 年的《当下语言规划的问题》（*Current Issues in Language Planning*）杂志，第 48 页]。其他那些从 20 世纪 50 年代起就被美国化了的亚洲国家，也开始意识到了本国教育的质量，并开始推广本民族文化。

韩国就是一个有教育意义的例子。对于本民族身份的确认运动在那里从未停步，最近几十年尤甚。于是，在 2003 年，《英语完全征服》（*Comment maîtriser définitivement l'anglais*）这部毫无保留地嘲讽部分商界精英对于英语的迷思的喜剧电影，收获了巨大的成功。几年后的《汉江怪物》（*Le Monstre*）一片，讽刺了韩国当局与美国高层的勾结，吸引了超过 1,300 万观众。2007 年，韩国演艺界相互动员反对同年签署的美韩自由交流协议，对于他们而言，这一协议将对韩国的创意工业构成致命威胁［参见达耶-比尔荣（Dayez-Burgeon）的《韩国人》（*Les Coréens*）一书，2011 年版，第 107 页］。

美国对外部世界施加的文化及政治压力的减退与其他权力中心的崛起不无关系，上世纪 80 年代之前美国独霸世界的局面如今正日益受到多极化的挑战。印度、巴西（从某种意义上说），尤其是中国，无论他们的国民生活水平与美国人有多大的差距，这些国家越来越被认为是大型或中型强国。"9·11"袭击在让世界看到穆斯林最极端分子的攻击能力的同时，也揭露了美国强权的脆弱和不堪一击，因为这个国家安全部门的高端程度一度让人以为它能抵挡此类的正面袭击。美国以类似前文所述的"理由"先后在阿富汗和伊拉克发动的前途未卜的战争，不仅在一部分穆斯林世界里将自己本就不正面的形象进一步抹黑，还让世界意识到美国的文化模式也只是相对的而已，不管它自己是多么希望惠及全球。当然，如果我们认为，抛开过度对外施压给美国文化模式带来的破坏不谈，该文化模式还是对世界有一定借鉴意义的话，那么对于该模式就只能感到遗憾了。

随之而来的是英语在世界上的影响力和重要性的降低。26 年前，美国国务院的一位高官布彻菲尔德（Burchfield）还可以宣传：

> "世界上任何有文化的人如果不懂英语都会承受匮乏之痛。赤贫或饥荒当然被认为是最残酷、最令人反感的匮乏形式。当它只出现在语言上的时候，我们便发现不了。然而，匮乏却依然明显。"［参见布彻菲尔德《英语》（*The English Language*）一书，1985 年版，第 15 页］

这些话今天听来很是格格不入。假设过去真的有许多国家笃信掌握英语是国家繁荣和国民获得一份优薪职业的前提，那么它们的现状也已经不是如此了。如今，驻越南的中国公司更倾向于聘用懂汉语或者准备要学一些应急汉语的本地员工。同样，那些想要加入日本信息产业中众多重要软件开发项目的越南人，也必须优先考虑学日语，还得考取资格证书以证明他们掌握了日本的软件书写标准。中国和日本公司的亚洲分部就是这样主动积极地推广他们各自的语言的（参见迪朗的"不是英语就不值一读！"一文，刊登于 2006 年的《当下语言规划的问题》杂志，第 52 页）。一些在 20 世纪 90 年代没有执意推广法语而是认为有必要转向英语的法国企业，也随着时间和经验发现它们过去的政策并不好。雷诺的前总裁施瓦茨（L. Schweitzer）曾在 1999 年强行要求各分公司之间，至少在企业高管层面要用英语沟通。然而，2001 年 4 月，他对法新社宣告他被迫取消了这一规定，因为公司产能的严重下降证明该规定导致了效率低下。同理，我们也能在制药业巨头赛诺菲-安万特（Sanofi-Aventis）总裁德海科（J. -F. Dehecq）2004 年的采访中读到以下内容：

"赛诺菲-安万特内部的流通语言当然不是英语。在一家跨国企业里面，每个人都可以说他的母语。在会议当中，我们需要的是与会者的大脑灰质所能贡献的最佳部分。一旦我们将英语强加给所有人，以它为母语的人能发挥他们潜力的 100%。那些以英语作为第二语言且说得不错的人则能发挥 50%，但这个比例在其他人身上就要降至 10% 了。如果我们想让大家都变成盎格鲁-撒克逊人，那我们就不应该纳闷为什么盎格鲁-撒克逊人是唯一的赢家了。"

反对单一语言

顺着这一思路，大家可以注意到，在欧洲第三大汽车制造商标致-雪铁龙公司设在斯洛伐克特尔瓦纳市的一家工厂内部，整个管理层都接受了用法语进行的培训（参见迪朗的"不是英语就不值一读！"一文，刊登于 2006 年的《当下语言规划的问题》杂志）。

甚至在一些被认为是标志性的英语流通国，情况也不如我们想象的那么简单。人们总在说，印度选择英语作为官方语言是为了避免说不同语言的族群之间的冲突，例如孟加拉语反印地语的诉求。事件起因是尼赫鲁试图将印地语变成整个印度联邦的官方语言，因为它是首都新德里的语言，而且全国说这门语言的人口也是最多的。此外，人们还宣称，在印度政界的领导层精英当中，包括在知识界，英语是一些家庭的母语。实际上，这些精英在印度总人口中所占的比例可以忽略不计，而英语甚至都无法被认为是印度的一门流通语。如 S. 亨廷顿（S. Hunington）这样的学者，就曾对英语的不利环境发出了如下的感叹［参见亨廷顿的《文明的冲突与世界秩序的重建》（*The Clash of Civilizations and the Remaking of World Order*）一书，1996 年版，第 62 页］：

> "对于一个从克什米尔下到印度最南端的科摩林角的游客来说，实现沟通的最好的方式是使用某种形式的印地语，这就是残酷的现实。"

而且，对于用一种在该国毫无根基的英国殖民者的语言来起草印度独立后的宪法这一异相，今天也不乏揭露者，即使这种异相已经显得司空见惯了。2003 年，印度国防部长亚达夫（Mulayam Singh Ya-dav）宣称他的中期目标就是淘汰英语。在这一思想指引下迈出的第一步,就是用印度名字取代这个国家不同城市的那些被英语化了的名称,比如孟买(原先写作 Bombay,如今则是 Mumbai)、金奈(原先写作 Madras,如今则是 Chennai)。2003 年 5 月,一本没被真相吓跑的美国杂志《新闻周刊》(Newsweek),报道了印度西孟加拉邦当局做出的以下决定,即英语不再作为政府间协议所使用的官方语言。(参见迪朗的"不是英语就不值一读!"一文,刊登于 2006 年的《当下语言规划的问题》杂志)

在世界局势将美国引向一系列不受欢迎的战争之后,政治环境也变得不利于英语了。各种反美行动清楚地体现了政治意愿在语言选择的重新定位上大有可为。2003 年,一群被伊拉克战争的爆发所激怒的德国大学教授发起了一项运动,反对在德国得到广泛使用的许多英语词语。2006 年(参见迪朗的"不是英语就不值一读!"一文,刊登于 2006 年的《当下语言规划的问题》杂志),伊拉克政府决定用法语代替英语作为该国大学体系内部的第二语言,似乎也是出于政治的选择。这些事实从反面证明了美国特色与美语主义之间的关联:前者通过后者得以体现,反之,持续地去美国化所造成的美属事物重要性的降低也导致了美语外来词的"降温",各国转而推广英语之外的另一门语言,或者干脆简单地放弃英语。

这一演变让人们重新意识到了一个原本显而易见、却由于二战之后英语持续了数十年的主导地位而被遮掩了的事实。那就是以英语为母语的人在全球人口当中所占的比例比较小。根据美国中央情报局的网站,20 世纪 80 年代中期得到的数据是大约 7%,而如今,该网站告诉我们,基于出生率和死亡率的对比,这一数值还在下降。按亨廷顿所说(参见亨廷顿的《文明的冲突与世界秩序的重建》一书,1996 年版,第 65 页),面向全球的美国有线电视新闻网(CNN)拥有大约

5,500万观众，也就是不到全球人口的1%。他还补充道，这一事实让那些英语在全世界有着大面积传播的论断显得更为疯狂，而这些未经证实的论断不仅受到了英语国家传媒网络的传扬，还在许多欧洲及亚洲国家获得了反响。英语传遍全球这一观念从很大程度上来说是新闻毒瘤的产物，因为受累于那些未经任何核实的信息，它的许多始作俑者自己也成为了这一毒瘤的早期牺牲品。

因此我们可以认为，依托美国对世界的主导而形成的英语霸权，在经历了1945年至1980年代初这段辉煌时期之后，开始受到削弱，而且这一衰退还在加速。有一个特别明显的征兆就是美国政府与联合国、尤其是联合国教科文组织之间关系的演变。直到1980年代，美国还能将其"信息自由流通"的原则强加于它。如前文所述（参见本章第一节），这一原则是为了稳固美国霸权而精心炮制的。但就像我们所看到的那样，在它的"太空完全自由"计划上，美国人越来越受到来自联合国教科文组织的阻挠。于是就有了联合国1972年的备忘录，其中美国代表们的那段话揭开了美国政府的深层意愿：他们要求投票通过

> "一份声明，强调新技术给发展中国家带来的好处，重申美国有着与其他国家在该领域分享技术资源和知识的良好意愿。"［该文字为马特拉特（Mattelart）所引述，参见其1976年的《跨国企业与沟通体系》（*Multinationales et système de communication*）一书。］

美国借二战之后的种种理想条件而建立起来的霸权已经开始受到质疑，同时，与一些不太顺从的国家之间的冲突也已经出现了苗头，

在这一背景下，美国展开的支持上述要求的外交攻势远没有达到拉拢欠发达国家、甚至其他国家选票的目的。因此，它还是没能成功应对来自国际的挑战。联合国大会最终以 102 票对 1 票（美国自己那票）的绝对优势通过了卫星传输必须得到接收国首肯这一决定（参见厄德的《人的征服》一书，1982 年版，第 85 页）。那些不结盟运动的成员国甚至还成功地以流通平衡、文化主权和反对不公平交流这几大原则取代了美国的"自由流通"原则。通过对失控的进口加以限制，通过多边教育项目的发展、媒体联盟以及记者行业国际规范的建立，上述所有原则都为适应各国本身的真正需求创造了有利条件（同样参见厄德的《人的征服》一书）。这样一个新局面当然只会激起美国的强烈回应：它体现在了 1981 年 10 月麦克布莱德委员会（la commission McBride）的美方成员的话语当中，比如阿贝尔（E. Abel）的以下这段话：

> "对我们美国人而言，'信息新秩序'一词是真正令人反感的。［……］许多国家的人民正在被剥夺他们的基本权利。"（《无线档案》，美国国际交流署，1981 年 6 月 19 日，10 月 20 日）

在所谓的捍卫"人民权利"的口号背后，清楚地展现着一种主导姿态下的回应，这一回应甚至还有后续。面对没能重新掌控联合国教科文组织这一失败，美国政府放弃了自己为促进该组织发展所作的承诺，也取消了一大部分对它的财政支持。

二战中美国所扮演的角色带给了这个国家经济和军事上的统治力，由此形成的美国在世界文化和传播领域的主导地位，在 30 年后的 80

反对单一语言

年代中期似乎被大大地削弱了。因此，英语的全球传播似乎也应该承受这一相对意义上的衰退所造成的反作用。然而，英语在今天依然顽强地存在于世界上很大一部分地区。要理解这一局面，就必须将一种其设定超越大西洋范畴的新战略纳入考虑范围。它的真实面貌，在美国的一部分天真的合作伙伴、尤其是欧洲人眼里仍不可见。这一战略——也许应该说"这一武器"——就叫作"全球化"。它将是下一章探讨的内容。

第三章　语言与全球化：神话与现实

1　全球化、整体化、殖民化

全球化这一概念当然需要得到准确定义。但这并不容易，因为大家对于这个词有着众多不同的理解。首先，有必要说明全球化是什么，又不是什么。它不是或者不只是某些作者［主要参见内特尔（Nettle）和罗曼（Romaine）合著的《消失的声音：世界语言的消亡》（*Vanishing Voices. The extinction of the world languages*）一书，2000 年版］口中的"麦当劳化"，即麦当劳餐厅遍布世界。全球化可能更接近于殖民化现象，而我们至今尚未将它们做足够的比较。实际上，两者都造成了地区或者地区的部分工业之间可以说是不对称的经济依赖关系。具体表现为资源的单边控制、生产方式和商品运输统一化倾向，以及对于这些工业产生的成本和收益的分配不平等。因此，那些被纳入全球化的地方与剥削式殖民地而不是驻领式殖民地更有可比性。因为参与其中的人与其所工作过的或者正在工作的公司之间只是简单的雇佣关系，而那些公司的目的并不在于常驻它们的员工的所在国。

今天全球化存在的某些形式和上述那种类型的殖民化有着一个重要的共同点，那就是两者都推广统治阶级或者为统治者卖命的人的语言。这门少数人的语言有着扩散的趋势，从而与当地原先所说的语言之间产生冲突，并可能对后者造成破坏。原因是这门语言属于享有优先权的外国人，因此就可能成为模仿对象。毕竟模仿总是会针对一门在语言价值市场上更受追捧的语言，而这样的语言同样也会在大众甚至精英阶层眼中更具价值。

当然，人们可以提出这一观点：在今天全球化的背景下，全世界的许多公共空间都使用英语，这也并没有将各国自己的语言置于危险境地。这种观点来自于通用语和本土语的对立。而强调这一对立性的人否认英语有任何能力或者任何计划来取代地方语言［参见穆夫温（Mufwene）的《语言进化：接触、竞争、改变》（*Language Evolution. Contact, Competition and Change*）一书，2008 年版，第 12 章］。按他们所说，在各大国际机场以及全球重要城市（从巴黎到东京，从墨西哥城到北京）的五星级酒店里大范围使用的英语并没有融入当地的文化生态；出了机场和酒店这样的特殊环境，置于一个更大的文化背景下，它就不再具有代表性了。因为英语只是用来和那些乘坐飞机和入住酒店的高端客户沟通的。

同样持这一观点的作者还宣称：不管是航空公司的机组和地勤人员，还是出入境管理人员或者海关工作人员，在他们的相互交流当中，使用的就是自己的本土语言（参见穆夫温的《语言进化：接触、竞争、改变》一书，2008 年版，第 227 页）。这一论断本身需要验证，更何况上述的这些工作人员通常都是由各大国际航空公司，比如说中东阿拉伯世界里面的那些大资产阶级富国的航空公司（阿布扎比、卡塔尔等等），在非常不同的国家聘用的。因此，正如每个习惯于远距离航行（尤其是那些开往东亚和东南亚的航班）的乘客所观察到的那样，他们员工之间的沟通使用的是英语。于是，这门原本的通用语也开始具备了本土语的地位。

　　然而，还存在着一种大规模国际联系的类型，经常有人将其与全球化混淆起来，但两者的特征并不完全相同。这一类型在英语中没有表述的词。因为这门语言只有"globalization"（全球化）一词，该词出自于"global"（全球的），所以也间接出自于"globe"（全球）。但英语当中的"global"对应的是法语的"mondial"（世界的，全球的），而不是法语的"global"（总体的），后者有另外的意思。而这一另类的大规模国际联系在法语中却有一个名称，那就是"globalisation"（整体化）。正如穆夫温（参见《语言进化：接触、竞争、改变》一书，2008 年版，第 207 页）所指出的，法国的经济学家不像法国的语言学家一样将"整体化"和"全球化"混为一谈，据经济学家们，尤其是多尔菲斯（Dollfus）［参见其《全球化》（*La Mondialisation*）一书，2001 年版］和卡鲁埃（Carroué）［《全球化地理》（*Géographie de la mondialisation*），2002 年版］所说，"整体化"指的是工业和文化产品从世界上某些地区向全球流通，原因是那些地区在运输和电信领域的基础建设更好。

　　不管"整体化"覆盖的是一片疆域还是一定数量疆域的总和，是一个社群还是一组相关或者不相关的社群，这一过程通常都会孕育出同一经济体系内不同部分之间的紧密的互为依存关系。它也可以将文化联系纳入其中，前提是文化在"全球化"了的美国文化带来的巨大压力面前保持独立。我们希望：当埃德加·莫兰（E. Morin）写出以下这段话的时候，他所联想的是我们所说的这一过程：

　　　　"文化的全球化不是同质化。一些大型的跨越民族的潮
　　流正在成形，它既促进了各民族独特性的表达，又滋养了全
　　球文化。它的发展是 20 世纪下半叶的一个标志，也应该在

21 世纪发扬光大。"（由博得里引用，参见《法国人与美国人：彼岸》一书，2007 年版，第 239 页）

如果我们赞同这种乐观的看法，认为引文中所谈及的是整体化而不是全球化，那么我们还可以补充道：整体化远非新鲜事物。它是一种成就了人类社会的自然现象在当代所呈现的新形式。人类的扩张是通过地理大发现、发明创造和技术革新而实现的，它们打开了世界各个部分之间相互交流的渠道：从丝绸之路到广播、到电话、到电视，再到今天的互联网，这些渠道日益密集起来；同时也不要忘了各种社会模式，比如公元前 5 世纪的雅典式民主，和以法国大革命为首的革命模式。当然，这些模式并没有在全世界都取得成功，毕竟有些地方对于接受它们显得准备不足。在这种定义之下的整体化，能够也应该创造出有利于中产阶级崛起、有利于社会开放进步、有利于信息技术革命、有利于实现最低限度的政治和社会自由的一个环境，尽管在最后一点上，我们今天还没有看到很多有说服力的效果。因为这个通往些许自由的过程仍然十分缓慢。另一方面，无论是在昨天还是今天，与这场进化相对立的贫苦与无知都催生着独裁，哪怕两者并非是独裁的必要条件。但是，只要我们小心地将其与全球化的幻象区分开来，这场整体化运动对于懂得如何因时因地制宜的国家而言还是有价值的。

"金砖五国"（即巴西、俄罗斯、印度、中国和南非五大新兴经济体）的崛起就是例证。以国内生产总值的增长来衡量的话，这些国家近些年来的进步应该成为欧洲国家的榜样。比如法国就需要从中吸取经验，做出必要的努力，以刺激法国服务和法国产品的出口为目的，真正提高产业的竞争力。从这一意义上讲，今天欧洲的部分左翼人士在过度全球化的背景下所追捧的"去全球化"并不代表要"去整体化"，当然，前提是国与国之间能平等交流。换句话说，经济全球化本身并不是一种威胁，它的不足，尤其是缺乏真正的调节，才是危险的。一种精心设计过的调节机制才是治疗过度全球化的最佳药方。

2　通用语言和本土语言

穆夫温宣称（参见《语言进化：接触、竞争、改变》一书，2008年版，第272页）：一旦与真正意义上的全球化区分开来，那么整体化背景下的各种多语共存的形式就不会导致某一门语言压倒其他语言的局面的形成。他还明确指出：在我们所处的这种多语共存的环境里，各种本土语言之间并没有竞争，因此也没有哪种语言陷入危机。然而，他小心地补充道："或者至少不会马上陷入危机。"这一让步是非常重要的。它意味着有一点我们无法掩盖，那就是我们无法确保主要体现在经济层面上的整体化不会变成语言学意义上的全球化，即英语的传播。即使它保持着纯粹通用语言的身份，也依然有能力削弱各种本土语言的地位，这就是英语传播的潜在威胁。

人们时常认为：由全球化（无论是前文所定义的全球化，还是笔者刚刚定义的由整体化演变而来的全球化）所诱发的本土语言危机并没有看上去那么大，因为英语在其所到之处都会经历一个混合的过程，它总是以适应当地语言的形式出现。穆夫温尤其坚持这一观点。也正是在这一背景下，他提到了麦当劳餐厅根据各地文化习惯调整菜单的例子（参见《语言进化：接触、竞争、改变》一书，2008年版，第227页）：譬如在美国、中国香港和法国，我们吃到的是不同的餐点；而且麦当劳还向有需要的顾客提供素食汉堡和啤酒。针对这种需要在细节上再加以核实的菜单调整，我们可能会问，它在多大程度上能减缓麦当劳餐厅带来的强烈的美国化进程以及英语造成的压力。后者体

反对单一语言

现在一个任何人都能观察到的现实之中，那就是食品的名称。在法国，如果有人在点餐的时候说"burger au fromage"（"奶酪汉堡"的法语表述），经常会出现不被理解的情况，因为这款食品应该叫作"cheese burger"（"奶酪汉堡"的英语表述），尽管法国是世界上高品质奶酪产量最大的国家之一。当然，这一称谓倒是能凸显出这款美国食品的特点，也就是千篇一律地加上同一种奶酪，而且从来都是切达干酪。但词语和习俗就是这样慢慢渗透的。

与此情形类似的是以下这样的场景：在法国的有机产品商店，任何一位顾客在提出购买"canneberge"（"蔓越莓"的法语表述）果汁后，基本都会因为店员的反应而感到错愕。因为店员很少能理解这样的表述，反而会习惯性地答道："啊！您想说的是"cranberry"（"蔓越莓"的英语表述）果汁吧！"这样的答复不太可能出现在大面积种植蔓越莓的加拿大魁北克省，不仅因为当地居民在用法语交谈的时候会用法语来表述这种水果，也因为与法国人相反，他们知道逐步放弃法语词汇意味着什么。更何况这600万身处孤岛的法语人口被2.6亿美国人和英语区加拿大人所包围，这样的意识也就更加鲜明了。

其实，这里所涉及的并不是穆夫温口中的麦当劳餐厅根据每个国家的饮食习惯所做的调整，而是一种具备强大施压能力的通用语言有没有能力尊重它所到之处的本土语言，不将其置于险境。有人认为这种能力比较弱，因为通用语言在任何能够方便沟通的地方都会进入日常使用。但它只是一个附加，不会威胁到本土语言。穆夫温本人就持这样的观点，于是他写道（参见《语言进化：接触、竞争、改变》一书，2008年版，第236—237页）：

"世界上大部分国家对于英语的使用在最近几十年内有

了增长，但不管是在这些国家，还是在那些前英国殖民地，说英语的人群都只占总人口的一小部分；甚至日本和台湾这样在二战后与美国保持了广泛经济联系的国家和地区，也是如此。而且英语严格的通用语功能也让它与任何本土语言之间（尤其是那些覆盖了巨大本土经济市场的本土语言，如日语和汉语普通话）都不存在竞争。虽然一种语言的世界性功用能够赋予它优越感，但这并不一定会让这种语言融入当地的社会生态环境之中、进而对本土语言造成威胁。也并不是所有的社会生态环境都会以牺牲本土语言为代价去为世界性语言的传播做贡献。"（由笔者本人译自英语）

按照这段文字所说，前英国殖民地和当今美国化了的世界之间的类比似乎是自然成立的。但它既没有说明哪些社会生态，即世界上哪一个地区的哪些具体的自然、经济和社会环境会导致上述危险的产生，而且它也没有认识到，在历史上，用武器和经济压力来为本国产品打开外部市场的征服国所使用的语言，往往会导致被征服地区的语言的消亡。

公元前 333 年，亚历山大大帝到来之后，弗里吉亚语就是这样在希腊化过程中被吞并的。同样道理，在不到一个世纪的时间内，随着拉丁语的扩张，位于今天西欧、中欧和东欧的大量小地方的语言消失了：比如说南阿尔卑高卢语、卢西塔尼亚语、伊比利亚语、特拉哥-达斯语、伊利里亚语、高卢语。还有随着日耳曼语扩张而消失的多个斯拉夫语种：博拉伯语、斯洛文斯语、古普鲁士语*。鉴于传播手段的不同，20

---

* 原文注释中提到了海然热 2002 年出版的一本著作，但参考文献中并不存在作者这一年的出版物。——译者注

世纪下半叶形成的促进英语传播的环境活力远强于古代征服者的语言所能享受到的推动力。尽管各国之间的相互依赖性被吹嘘为一次慷慨的挑战，但实际上它是为一种文化和语言上的深入影响而服务的。如此一来，全球化就显得像是美国重夺主导权的一种战略了。因为在经历了1945年至1975年这段辉煌时期之后，这一主导权在随后的20年受到了严重削弱。有人甚至认为［参见阿莱格尔（C. Allègre）在网上刊登的文章，链接如下：www. solidariteetprogres. org/article6261. html］，在那些公开演说中所宣称的各种善意并不可信，那是在用英语隐秘地传递一种征服思维。美国真正的计划是阻挠新兴国家的发展，让它们长期保持廉价劳动力提供者的角色，从而无法具备成为美国竞争对手的能力。

至于那些富裕国家，既然无法阻止它们成为美国经济的直接对手，就应该更大规模地让它们对美国产品开放市场。由于销售都是采用英语，因此这一行为也是间接为英语打开了市场。这些产品包括脸书（Facebook）、推特（Twitter）和优兔（Youtube）。人们津津乐道于这些社交网站在一系列革命运动中所扮演的核心角色，而正是这些革命从2011年初开始动摇了长期压制阿拉伯国家人民的数个独裁政权。这些网站属于私人企业，它们的持有者原则上独立于美国政府，甚至可以与其对抗。正如我们在"维基解密"事件中所看到的那样：当时的脸书公司与该网站统一阵线，并在2010年底拒绝关闭"维基解密"的账号。脸书和推特已经收到了美国联邦检察官的多份强制令，要求其交出它们所掌握的信息。如果这两家公司在多起捍卫自身独立性的官司上败诉的话，那么第三世界的革命者和反抗者就将被暴露，哪怕他们曾经得到过承诺：保证美国行政部门在任何情况下都无法直接打开他们的私人信息［参见厄德"脸书、推特和世界革命"（Facebook，Twitter et la révolution mondiale）一文，刊登于 2011 年的《世界报》（*Le Monde*）]。

如此看来，但凡有统治野心的强国所使用的通用语言都有着一种天然的倾向，那就是不满足于只作为沟通工具，相反地，它要取代所在国的本土语言，只要本土语言对它形成竞争。以英语这门新自由主义的全球化的语言为例，它所威胁的主要是那些承载了有国际使命感的文化的语言。因为这些语言被看成是英语的竞争者，必须被排挤；尤其当它们支持下列要求的时候：应将文化产品（唱片或电影）作为特例，反对自由流通。而对于那些只着眼于本部落或者本地区使命的语言和文化来说，这种威胁就比较小。它们并不直接暴露在一系列排挤活动的枪口之下。因为它们的影响范围不足以对思想的同一化和美式思维指导下的模式化（这种模式化也是全球化的根本）构成障碍。

3　"面向全球化"的教育中的英语压力

只要认识到了形势的这一面，那么我们就能更好地理解任何热衷观察的人都不会错过的一点：虽然美国霸权正在削弱（参见本书第二章第三节），但从上世纪 90 年代初，即全球化之初开始，英语所带来的压力却是空前巨大的。美国以及它的语言、电影和电视剧从来没有像过去 15 年来那样风靡。如果仅以一个大陆、一个国家为例，并且仅将视线集中在街景和纸媒上，我们可以看到，法国各大城市通过店铺和广告所展示的英语词句达到了前所未有的数量；法国的报纸和期刊上"美国出品"的地位也上升到了史无前例的高度。而且它们当中的一部分曾经并不认同文化美国化所带来的思想及伦理上进步的假象；也并不宣扬向强权模式低头有利可图这种犬儒战略。

在此等条件下，即使我们想在一些蛮横的论断面前保留思考的自由，也很难完全抛开种种现实观察，比如美国大学界的朋友们向笔者描述的情形（值得一提的是，他们都因为欧洲依附于这一文化而感到懊丧，这种文化为单一思想服务，并对一切自由思维倾向进行消毒和中和）。他们当中的一些曾经听到过类似"我们就是全球化！"这样的话，个中的无礼内涵不值一评。说此话的高层负责人选择的是美国各顶尖大学的校友会内部场合：在他们看来，在这一安全环境下说出真相不会被外人听到，因为真相显然并不对外人开放。

只要与美国的征服政策联系起来看，类似"我们就是全球化"这样的论断就变得清晰起来。首先，到上世纪 80 年代中期为止，正是美国的征服政策确保了英语的主导地位。而全球化则是美国打出的一张反击的新牌，目的是重启美国称霸之路，以回应第三世界和新兴国家的崛起。这一全球化战略若要收到实效，那么美国就不能只满足于通过建立经济、政治和军事霸权这些"自然"手段来推动它的语言和文化的传播，而必须采取攻势。与此同时，美国继续坚称它的利益与人类福祉相吻合，因此，作为资本主义的当代化身或者说代表了其新一轮强势爆发的全球化运动，与自由并不抵触。然而，中国闪电般的高速增长至今却尚未让其政权有所松动。而以新加坡为例，一套反对多元主义且监控严密的政治体系依然维系着这个城市国家［参见巴弗雷（Baverez）"全球化与自由"（Mondialisation et liberté）一文，刊登于 2011 年 2 月 22 日的《世界经济报》（*Le Monde Économie*）］。尽管上述两个例子都明确地否定了美国的立场，但它们对美国的攻势政策却没有丝毫影响。

这一攻势政策的成功还得益于一些国家的部分舆论，即认为只有英语才能带来财富，制造就业，促进贸易。这一信念根源于今日高等教育领域的一个标志现象：即各大高等专业学院、私立机构甚至公立大学，打着"需要开放外语"的旗号，却唯独向其中一门，也就是英语大规模开放。理由很简单：以法国为例，作为外国留学生眼中今天世界上第三大留学目的地的法国，需要引进被认为高人一等的外籍教师。以一些高校为例：巴黎中央理工学院拥有 30% 的留学生和 5%—10% 左右的外国教师；巴黎高等商学院的留学生比例则处于 40%—85% 之间，外国教师比例为 55%；而在巴黎六大，这两个数据分别是 23% 和 9%［参见弗洛克（Floch）"投入大脑灰质的战斗"（La bataille de la matière grise est engagée）一文，刊登于 2011 年 3 月 9 日的《教育世界报》（Le Monde Éducation）］。据 2010 年 11 月的统计，以法国本土以及海外省这个整体而言，在 150 万大学注册学生当中，有 21.4 万名外国学生，其中欧洲学生的比例是 22.4%。而根据 2007 年的统计，法国的高等教育机构当中有 496 个专业用英语授课，2002 年时则是 419 个*。此外，一些知名大学（如巴黎七大和巴黎九大）的校长也绞尽脑汁想要找到办法，绕过 1994 年与法语使用相关的《杜朋法》（Toubon）**。

与欧洲其他国家一样，法国的许多教育机构的高层负责人都坚信，只有英语能够保持法国在诸多发达国家之间的竞争力，并最大程度地吸引外国学生。这些负责人似乎没有考虑留学生们究竟追求的是英语授课还是高质量的法语授课。在学校管理者眼里，这个问题无需辩论，且结论必然倒向英语。因为他们办学的动机是纯商业的：高等教育对于他们而言不过是又一件商品罢了。然而，先不谈法语在得到其应有地位之后在教育中与英语同样高效这一问题，还有一个鲜少被提及的问题也值得考虑：大量吸引学生的究竟是哪些学科和专业？它们主要是企业管理、工程师、城市规划师、地区专业改造和土木工程等，也

---

* 原文注释提到了 Carpentier，但书目中并未收录此人的作品。——译者注
** 这一法律旨在保护法语，抵抗英语化倾向。——译者注

就是说都与商业、城市和农村发展，以及新兴经济崛起紧密相连。与之对应的那些职业则符合当代世界的现实需要，与人类物质生活的各个方面息息相关。

在这方面，高等专业学院和大学的管理者都面临着一个挑战：即本土特质与全球化之间存在的表面对立。2010 年初的那场关于国家身份的公共讨论并没有对法语在国家身份的定义中所占的比重作出足够的强调［参见海然热"国家身份与法语"（Identité nationale et langue française）一文，刊登于 2010 年 3 月 9 日的《世界报》］。然而，人们似乎忘记了这一比重正是大众明确要求的。当时的政府试图让讨论偏移到反阿拉伯的幻象之上，而民众对这一问题则没有那么敏感。另一方面，法国高等专业学院的领导层又认为应当从全球化这一现象中获利。他们做了很多努力，看似也都成功地调和了法语推广和经济利益之间的矛盾。比如，由于中国看似对法式的工程师培养体系感兴趣（俄罗斯和印度也是），巴黎中央理工学院于 2005 年在北京建立了分校，招收中国的高考毕业生。但该分校并没有忽视法语，因此将学制的第一年设定为法语学习。此外，法国的高等教育当然远不止经济管理、工程师或者城市规划师等专业。与这些技术类学科相对的，还有文学和社会科学类专业，也一直吸引着众多学生。据 2011 年统计，这一数据达到了三分之一，这一点是需要强调的［参见雅凯（Jacqué）"大学选择循序渐进"（Les universités optent pour la politique des petits pas）一文，刊登于 2011 年 3 月 9 日的《教育世界报》］。

同时，我们还有必要指出：由前文定义的全球化所导致的美国化在法国也遭到了越来越多的有组织的抵抗。这些抵抗运动尤其揭露了法国的部长们不仅与各级部门之间用英语沟通，还宣称法语已经江河日下［参见佩莱（Pellet）"英语全面入侵，精英阶层牺牲法语"（Invasion du tout-anglais. Les élites sacrifient la langue française）一文，刊登于 2010 年 12 月的《外交世界》杂志]。正是在这一背景下，大量不同职业的劳动者和雇员齐聚一堂，成立了跨行业工会联盟，以保障用法语在法国工作的权利。我们不妨提出以下这一问题：从外国学生数量这一不可动摇的标准出发，经过像兰斯管理学院（地位相当于这座城市的巴黎政治学院）、法国国际关系学院或者巴黎经济学院这类教育机构的负责人夸张宣传的纯英语授课政策，究竟能让这些学府从中获得什么具体的利益（参见佩莱"英语全面入侵，精英阶层牺牲法语"一文，刊登于 2010 年 12 月的《外交世界》杂志）？此外，我们也可以扪心自问，以 2010—2011 学年外国学生的比例达到了 278‰为由，在类似于图尔综合理工学院这样的高校，将城市规划的研究生专业设置成全英语授课是否合适［参见科拉（Collas）"在图尔综合理工学院，城市规划研究生专业变得如此英式"（A Polytech'Tours, le master d'urbanisme est devenu "so English"）一文，刊登于 2011 年 3 月 9 日的《教育世界报》]。显然，英语作为国际商务用语首先方便了企业高管之间的交流。而在服务于资本、罔顾民主公平的全球化帝国主义的干预之下，人们对于英语的推广则更为主动。

因此，这里体现的正是一种单一思想。它（如果这还称得上是一种思想的话）纯粹建立在金钱之上，我们有理由与之斗争。有一个证据间接证明了金钱为王这一观念的盛行，那就是政府持续缩减除科学研究之外的其他纯理论研究的经费，尤其是对于驻外法国文化机构的经费削减。而与此同时，英语则继续对世界施加着压力，英美各大基金会更是积极地通过面向全球的英语教育为其深入传播助一臂之力；除此之外，歌德学院、塞万提斯学院和孔子学院也分别从柏林、马德里以及北京政府手中得到越来越多的资助。法国在文化传播上本来有着很大优势，而其他国家如今正在这方面踊跃追赶。在这样的背景下，法国削减此类预算的政策引起了诸多连锁反应，其中值得一提的是一个所有观察家都注意到了的惊人事实：在法国，人们居然忽略了由移民现象带来的语言和文化的丰富性（移民主要来自北非，但也包含印度、俄罗斯、土耳其和巴西这些国家）。

法国从属于以全球化作为桥头堡的美利坚经济帝国这一现实已经激起了越来越强烈的反对声音。这一声音不仅出现在对支撑这一现实的意识形态持敌对态度的媒体〔参见魏兹（Weisz）"法国的从属性"（La vassalité de la France）一文，刊登于 2011 年 3 月 5 日的《人道报》（L'Humanité）〕，还出现在了其他不同观点的报纸当中（参见佩莱"英语全面入侵，精英阶层牺牲法语"一文，刊登于 2010 年 12 月的《外交世界》杂志）。此外，在有计划地向小学低年级普及英语教育的同时，对于小学生是否足够了解法语本身，以及学好法语是否才是早期多语教育的必要前提这类问题，政府却并不在意。而我们知道在母语教学这一方面，法国学校并没有进步：升入小学一年级的学生在基本的拼写和语法上都远未达到应有的水平。而在小学毕业阶段，大量学生在读写和数数方面表现出来的不足令人震惊，无法容忍。纠正这一现象刻不容缓，而这需要重新彻底地调动教师的积极性，或许可以通过提高薪水以及发起全国性的动员运动来实现。总之，让学生彻底掌握基础的拼写及语法是一场关乎民族未来的战斗。

对法语以及所有民族语言的推广是对一种语言不安全的谴责，正如阿尔弗雷德·吉尔达（Alfred Gilder）提出的公式所表达的那样：单一的语言 ＝ 语言的不公 。

4　另一种全球化：重新定义文化与文化多样性

尽管有着一些积极面，但全球化、至少当下的全球化在很大程度上就是一个幌子。不过这并不妨碍如此多的国家对其表现出顺从，即使这种形式既非这些国家所创，亦非它们所求。而我们完全可以构想一种不同模式的全球化，它能以弘扬多样性以及每个民族自身所成就的丰富的差异性为己任，而这些恰恰是目前这种强制性全球化模式所禁止的。事实上，这些对强制性全球化模式而言完全无足轻重。要实现新型全球化，首先需要批判今天人们对于沟通这一概念的理解。正如我们在前文第二章第一节所述，美国政府以信息自由为借口——为其自己，或为帮助本国一些私营通讯社——在全球范围内大肆强占信息资源。只是，全球化这一概念原本应该带来的全球范围内沟通的进步有没有因为这样而真正实现呢？答案似乎是否定的。因为沟通不等同于单纯的告知，更不等同于埃尔德式（Elder）的理解［参见埃尔德《信息机器》（*The Information Machine*）一书，1968 年版］：即"信息应该具有虚构的特征"，也就是说要向好莱坞出品学习！在埃尔德看来，这就是美国大众传播的大原则。

这一观念体现了一种令人担忧的怪诞。与其说这一特性会招来责骂，不如说它会招来笑话。它不太像以维护语言多样性为己任的那种观念。而只有后者才能够提供另一种全球化模式：以确保媒体多元化；致力于让不同文化在世界范围内更好地共存；在欧盟内部加强各民族的文化身份，将其看成是丰富相互联系的动力而不是自我封闭的场所［参见沃尔顿（Wolton）《另一种全球化》（*L'Autre Mondialisation*）一书，2003 年版，第 69 页］；反对像美式全球化那样，以牺牲大众利益为代价培植文化特权分子，因为美国主要考虑的是从大众身上获利。

通过集中各类文化产业来使美国文化产业获利这一做法与文化的定义本身严重矛盾。因为定义文化的正是其形式的丰富与多元，每个民族都参与其中。这种多样性带来的是考验，甚至是明日世界的主要政治挑战。人们至今尚未完全意识到这一点。而我们更无法理解的是，欧洲国家在美国文化的压力面前表现出来的集体顺从态度和文化依赖性，毕竟欧洲才是美国文化的根本来源。如果说美国是欧洲特征的一次成功重组的话，那么欧洲应当从自己的这一倒影中看到一种更新的契机，而不是陷入贫乏和模仿的泥潭。

一旦我们能够意识到这种力量对比关系，并且意识到颠覆它、让它为多样性服务的必要性，那么我们就能从中获取力量，为文化多样性而斗争。这种多样性可以通过广义上的文化定义来理解。人们习惯于将文化挂在嘴边，却又从未给出一个可以用来讨论的定义。那么，究竟什么是文化？文化可以定义为一个开放的可延展的集合，而不是一张封闭式的清单。这个集合中的对象可以是事件，也可以是推断的支撑点。它们囊括了一个群体的过去，并根据过去对当下作出回应，也为未来的创举勾勒出一些线条，但绝不将这张蓝图定稿。这些对象之间的相互联系帮助它们一步一步走过时间，并赋予它们活力。不管是对勤于思辨的少数精英，还是对疏于思考的普罗大众，这些对象都平等地提供了看待世界、解读世界并找到自身定位的方式。上述这种定义文化的方式本身就隐含了多样性。它与当下全球化所衍生出来的单一语言（思想）截然相反。这一定义下的文化，在不排斥其他因素的同时，视语言为其重要组成部分。而开放语言多样性所产生的财富也因此清晰可见，正如一句亚美尼亚谚语所说："每掌握一种语言，便带来一次重生。"（按照亚美尼亚语原文，听起来为"qani lezu gidès，ainkhan él mart ès"。）

　　有人或许会对上述真理提出反例，认为在某一个领域内语言游离于其所传递的信息之外。他们认为，之所以存在这种语言的外在化，是因为在这一领域串联信息的是对于世界以及自然规律的客观认识。大家可能已经猜到，此处所说的是科学领域。然而，非常有意思的一点是，现实情况其实与这一偏见所造成的误解完全不同。这也是笔者试图在本书下一章来探讨的内容。

第四章　科研人员与语言

1　科学中的英语：不公的制造者

至少在二战末期至 70 年代中期，世界共同利益在经济和政治层面附属于美国利益这一现象十分明显。同样的力量对比关系也存在于科学研究领域及其成果之中。越来越多的不说英语的科学家意识到，由于英语在出版物中、实验室内以及研讨会上的广泛使用，今天以英语为母语的研究者相比他们而言有着极大的优势。但只有将该意识普及化、延伸到全世界，才能消减不公。关于这一不公，我们将在下文中谈到它最惊人的表现及其引发的后果。找到解决之道刻不容缓。因为无论在科学领域还是其他领域，这种不公都造成了伤害：有些人对此并无意识，还有的则意识到了伤害，却在动力和手段缺失的状态下表现出顺从。然而，一旦缺少了受害者们的强力控诉，这种不公就将一如既往地制造语言之间的主导与被主导的关系。

强制性的普及赋予了英语主导地位，让它看似具备了某种难以名状的优越性，从而压倒其他语言成为科学领域的通用语。更有甚者，面对英语的增值与施压，很多说其他语言的人顺从到了贬低母语的地步，并盲目地认为自己的语言比英语低等！这与许多主导与被主导关系下的常态表现无异。事实上，这些人顺从的是一种排斥机制。如果

反对单一语言

在这种机制下应聘，那么母语为非英语的应聘者会因为英语能力不足而被拒之门外，而得利的则是那些以英语为母语的竞争者，哪怕他们的专业能力相对较低。也就是说，这些人自己才是该机制首当其冲的牺牲品。在科学领域，碍于他们各自国家的研究机构要求以英语作为科研报告用语，这些人又想当然地将一种并不存在的优越性赋予了英语。然而，这一优越性却无法得到任何严谨的论据支持（参见本书第四章，第三节与第五节）。上述现象所引发的一个严重后果就是，英语之外的语言在科学领域的表述有退化的危险。因为在英语术语的绝对主导之下，如果缺乏有力的回应，支撑科学创新的术语创新在其他语言中就可能被牺牲掉。

英语在科学领域所施加的压力可以产生一些惊人的效果。比如我们会发现，大部分美国的科学研究是由非美国裔的专家用英语完成的。而事实上，英语并非这些人的主要用语。这一现象是人才流失的表现之一。在二战期间以及二战后的一段时间内，欧洲、亚洲以及第三世界国家的高水平学者逃亡到美国，壮大了这个国家的众多实验室。个中的悖论如果不是某种畸形局面的反映的话，就只能说有些可笑了。这种局面有许多实例为证，姑且举出其中一个：那就是在美国大学实验室所营造的环境内诞生的重要科学发现与美国科学界的自动结合，以至于发现者的姓氏本身都被蒙上了美国化的阴影。

比如法国人让·莫雷（Jean Morlet）与另一位法国数学家阿莱士·格罗斯曼（Alex Grossmann）合作发现了建立高效的数码图像压缩算法的方法，从而大大降低了存储这些图像所需的内存空间，同时也在相当程度上削减了数码影像的成本。然而，经过美国"文学化"的描述之后，这一科学成果却变得像是美国带来的贡献，就连莫雷这个姓的拼写都遵循了英语的习惯，变成了"Morley"（参见迪朗的"不是英语就不值一读!"一文,刊登于 2006 年的《当下语言规划的问题》杂志,第 50 页)。类似的遭遇还发生在另一个法国人路易斯·普赞(L. Pouzin)身上。他在 1972 年推出了"Cyclades"计划,即早期的封包交换网络。该计划影响了后来被认为是互联网之父的文特·瑟夫(V. Cerf)和鲍勃·卡恩(B. Kahn)。但普赞的名字倒没有被美国化,因为他的计划最终由于缺乏资金支持以及当局的短视而被迫流产(这样的事在法国屡见不鲜)。然而,在他将其构想的细节部分转述给美国同仁之后,这些美国人却以他们自己的名义用英语发表了这些细节(参见迪朗的"不是英语就不值一读!"一文,同上)。

至于那些不用英语发表他们研究成果的人,就只能默默无闻了。1927 年至 1929 年间,弗莱明(Fleming)致力于青霉素研究,并发现其能分泌一种抑制链球菌的物质。然而,学术界无人知晓的是,早在三十年前,即 1897 年,里昂军医学院一个叫做杜谢内(E. Duchesne)的学生就完成了一篇题为"微生物的生存斗争研究:真菌与细菌的对立"的博士论文的答辩。论文详细描述了该学生所做的各种证明灰绿青霉对于细菌发生作用的实验[参见迪朗"作为霸主的英语将带我们去向何方?以法语为鉴"(Where has hegemonic English led us: the French example)一文,2002 年]。再举一个类似的例子:人们一直到 20 世纪 90 年代初才了解到胃溃疡是由幽门螺杆菌引发的一种传染病,而正统医学理论一直认为胃这个内脏不会滋生出慢性病原菌。这一病菌是在 20 世纪 70 年代被一位古巴医生发现的。他所犯下的"巨大罪过"就是只将这一发现发表在了古巴和苏联的杂志上,也就是说,只有西班牙语和俄语版本[参见莱维-勒布隆(Lévy-Leblond)《试金石:科学的考验》(La Pierre de touche. La science à l'épreuve)一书,1996 年版,第 114 页]!

反对单一语言

既然提到了苏联，我们有必要指出，用俄语发表的苏联科研成果也一样默默无闻，除非有苏联政府为其做广泛的宣传：比如在 1964 年得到诺贝尔奖认可的激光发明，该奖授予了巴索夫（Basov）和普罗科霍罗夫（Prokhorov）；或者是零故障发射的"联盟号运载火箭"，这与有着许多发射故障记录的肯尼迪航天中心形成了鲜明对比。但人们基本上都不知道是苏联科学家们构思了用于核聚变的托卡马克实验反应堆。同样的情况还出现在许多特殊合金和泡沫金属的发明上，出现在一系列与钛的制造及使用相关的技术上，更出现在由巴巴杨（B. Babayan）做出的对于像"厄尔布鲁士"那样世界上最快的超级计算机的完善上。除了高端的数学界的圈内人，几乎没有人知道是哪些人将俄国数学教育体系变成了世界上最卓越的数学教育体系之一，他们是：康托罗维奇（Kantorovitch）、卡切杨（Khachyan）、科莫果洛夫（Kolmogorov）、克罗列夫（Korolev）、库恰科夫（Kourtchakov）、朗多（Landau）、莱昂铁夫（Leontiev）、立夫济慈（Lifchitz）、马尔可夫（Markov）、庞特里金（Pontriagin）、萨卡洛夫（Sakharov）和特拉腾布洛特（Trathenbrot）。与美国不同的是，这些人均为苏联本土公民，而非以优厚待遇吸引而来的外国名人（参见迪朗"作为霸主的英语将带我们去向何方？以法语为鉴"一文，2002 年，第 16 页）。

英语在出版物和科学研讨会中的垄断等于是给科研工作课税。它为各大英语杂志的审稿委员会的成员提供了非法转移或者抄袭国外成果的有利机会，因为美国之外的学者们正是将文章和样品递交给他们这些人的。关于这一点（参见海然热《为法语抗争：以语言和文化的多样性之名》一书，2006 年版，第 95—97 页），我们可以回顾一下某位审稿委员会的成员所说的一段犬儒但至少真诚的话：

　　"这些文章［……］被放在银盘中端进来，又是用我们
的语言写就［……］。你让我们如何克制自己不去挖掘里面
那些最好的想法？［……］如果你窃取了某人的一个从未公开
过的想法，［……］你认为后者有可能证明什么吗？"

　　有些人就懂得如何预防这类剽窃行为。比如发现了导致多发性硬
化的基因的一位香港学者徐立之。在他将研究用英语发表后不久，就
有两位母语是英语的学者试图将其占为己有。但他们无法得逞：因为
在英语版本面世之前，徐立之已经将其研究成果用中文发表了。于是
一听到这消息，他便迅速拿出中文文章以示回应。以英语为母语的同
仁屡有此类行径，因此学者们也多了一分谨慎。这种谨慎同样存在于
其他背景之中。比如，美国的"湾流"系列飞机上配备的是来自俄罗
斯的苏霍伊涡轮机。而美国的飞机制造商无法对其进行仿制，因为这
种涡轮机在诞生之初就申请了专利保护。然而，情况也并不总是这么
乐观。举了上述两个成功案例的迪朗，也在他的文章中提到了其他发
人深省的例子（参见迪朗的"不是英语就不值一读！"一文，刊登于
2006 年的《当下语言规划的问题》杂志，第 52 页）。

　　一方面我们可以看到，1983 年，蒙塔涅（L. Montagnier）领导的
巴斯德实验室团队需要通过漫长的司法斗争才最终证明他们早于美国
人加洛（R. Gallo）的团队发现了艾滋病病毒。另一方面，1988 年，
法籍立陶宛裔数学家格罗滕迪克（A. Grothendieck）致信抗议瑞典皇
家学院，拒领克拉福德奖，并在信中大力揭发英语版科学类报章的种
种恶习。至于同为剽窃行为受害者的斯特海林（Stehelin），就没有巴
斯德实验室那么幸运了。此人最先证明了逆转录病毒的致癌性，并将
论证的细节发给了白肖普（M. Bishop）和瓦慕斯（H. Warmus）这两

反对单一语言

位负责某科学期刊的同仁以期发表。孰知二人不仅剽窃了这一成果，且因此在 1989 年获得了诺贝尔奖。事实上，许多有才华却又默默无名的学者都曾有过类似的遭遇：在没有采取自我保护措施的情况下，他们将学术成果寄给那些英语期刊，后者以缺乏亮点无法刊登为由将其退回；但令他们感到震惊的是，不久之后，他们的成果就被冠上了那些期刊负责人的名字而得以发表！在以权谋私的剽窃者面前，这些学者只能束手就擒。

这一局面还导致了另一种恶劣影响：那就是，在英语的施压之下，用其他语言发表的科研成果逐渐被人淡忘。以法语为例，在混沌理论这一重要领域，人们就忽略了庞加莱的研究可能在相当大程度上推动了法语区学者的研究进程（参见莱维-勒布隆《试金石：科学的考验》一书，1996 年版，第 245 页）。无论人们是如何竭力说服那些科学家的，相比抛弃其他地方语言而成就英语寡头的现状，科学界的多语化发展完全有可能成为一种福音，更不用说非英语期刊尤其是法语期刊的消亡，对于传播其他国家的研究成果将会构成多大的威胁了。这种畸形局面甚至会最终导致非英语国家、尤其是欧洲国家的经济衰退。因为科学的创新是经济发展的一个重要元素；而且与那些认为可以从英语教学中得利的法国大学所设想的恰恰相反，一个没有在科技词汇领域更新本民族语言的国家——更糟的是一个本国学者几乎完全用英语来发表其研究成果的国家——不可能会吸引到外国留学生。理由很简单，既然这些学生可以直接去用英语教学的源头国家求学，为什么他们还要继续选择法国？

此外，一旦一个科研工作者选择了用英语发表文章，他就等于将英语期刊在介绍和评估研究成果方面以及引用体系上所作的规定默认为决定性的标准。同时，他也将自己的研究计划纳入了英语区学者的主题研究方向之中，哪怕他早前曾有其他独到的研究计划。而英语区学者主攻的课题或来自于他们自己所属的实验室，或可以简单地取决于当下的热门程度。而事实上，这些热门主题通常都是为美国各大企业集团以及美国经济而服务的。

仔细审视这一局面，我们会发现它是对创新的一种威胁。因为良好的职业前景不再眷顾那些最具创新理念的研究者，反而青睐一群服从于英语刊物所设定的思想体系和表述模式的人。人们不再鼓励真正的创造力。真正的创造力与现状相反，往往是逆流而上的结果，甚至来自于与主导理念的决裂。这种决裂的前提是一种真正的、独立于一切压力之外的好奇心，它能引领一系列革命性的思维方式。从第谷·布拉赫，中间经历了开普勒和伽利略，一直到牛顿，人类的科技史——尤其在天文和数学的发展方面——很好地向我们展示了这一点。上述这些过程在当代的缺失可能能够解释今天欧洲大学科研水平的下降。它曾经提供了一个足够开放的环境让广大优秀人才各抒己见。而如今，在英语区科研团队以及科研刊物的研究规划面前，欧洲表现得无比顺从，从而畏首畏尾。同时，正是这些英语刊物带来了"发表至上"的风气。这一风气无异于一身沉重的铠甲，让创造性的思想从此停滞不前。

有意思的是，回顾 19 世纪末至第二次世界大战这段时间，我们会观察到一些不同于今天的特征。当时表述科学的语言有三种，分别是德语、法语和英语。每个有学识的人都被默认为能够大致读懂用这三种语言中的任意一种写成的文章（参见迪朗"作为霸主的英语将带我们去向何方？以法语为鉴"一文，2002 年）。如果以这个时期在物理、生物、化学或者数学上所获成就的惊人丰富程度来衡量，多语并存的局面不但没有阻碍科研的发展，反而任其绽放，甚至为其创造了有利条件，当然，理解的障碍是存在的，但科技翻译者很好地为学者们提供了支持。

在这一事实的指引下，人们有充分的理由质疑单一科技语言所带来的高效。同时，它也解释了为什么某些学者关于成立一个专门传播法语科研成果的机构的倡议很可能奏效［参见迪克雷（Desclés）"法语如何还能继续有效地推动创新"（Comment le français peut-il être encore un support efficace de l'innovation?）一文，2010 年手稿］。这一机构将大范围地发布这些研究成果的英语摘要；摘要按照主题以及其下的分支归类。如果有读者提出将文章译成英语的要求，则予以满足，并确保翻译的成本分摊到每一位申请者身上。这一举措会让所有法国人都能更好地理解本国的科研成果，它体现对于纳税人起码的尊重。因为在法国，科研经费来自于公共开支。另一方面，创办非英语科研刊物这一行为也并不一定会以失败告终。通过法国和魁北克的官方合作而创办的《医学/科学》（Médecine/Sciences）杂志就是一个成功的例子。在所有人都鼓吹英语将不可避免地独霸科技领域的时候，它顽强地存活了下来。

2 语言与科学思想

也有些人认为，即便用英语表述，我们依然可以捍卫一种法式思维。似乎语言这层外衣无足轻重，而科学思想所带来的成果也仅仅只是客观存在，并不会在不同的认知环境下产生差异。正是这种对母语在思维构成上的重要性的轻视，配合了英语为尊以及利益至上的逻辑，才支撑了众多欧洲尤其是法国的高校向英语化过渡的政策。荷兰马斯特里赫特大学的校长一直主张将英语推广至所有课程，对于这一建议所收获的成效，他本人也津津乐道［参见 2010 年 11 月 13 日《世界杂志》对里岑（Ritzen）所作的采访，第 39 页］。然而，他也指出，"荷兰法律课例外，因为该学科无法用英语教学。"只是这种意识并没有延伸到其他学科，因此他也不认为科学思想与法律思想一样，植根于一种独有的世界观之上。与马斯特里赫特大学校长的建议相对立的是一位叫艾姚（Oillo）的学者的观点。按他所说，

> "今天的重心是要在语言上反对同一。在拉丁美洲，法语就被当成一种抵抗美语的语言。因为从深层角度来说，是什么导致了所有这一切？不就是市场规律吗？不就是将教育视为另一种商品的思维吗？"

艾姚清晰的表述恰恰解答了为什么无论在法国还是其他国家，都有众多大学置改善教学质量于不顾，一味想着尽可能多地聘用以英语为母语的教师，从而达到最大程度地吸引外国学生的目的。它们以为留学生只对英语教学本身感兴趣，却没有试图反思这一想法究竟在多大程度上符合事实。

无论如何，我们在科学领域所观察到的是，强制推行一种单一的科技语言会引发"异化"效应这一现实［在高巴尔（H. Gobard）为其 1976 年所出版的著作定题之时，用的正是"异化"一词］。这一异化源于人们在使用一种与自身思维习惯，甚至基本世界观相左的语言之时所产生的不适。按布尔迪厄（Bourdieu）所说，接受英语使用的普及化，就等于"让自己的思维体系英语化"（参见布尔迪厄在 2001 年"一个民主的欧洲需要什么样的语言？"论坛上所作的发言，第 43 页）。如果说在使用母语的时候，一位科研学者能够严谨地组织构建一系列论据的话，那么当他使用一种即使能正确掌握也未必如母语般

反对单一语言

游刃有余的语言之时，这些论据的架构就将受到影响。于是，他就会
自然而然地简化和去除论证和表述中最微妙的一些细节。而这必定带
来消极的后果，尤其当所涉及的主题较为复杂之时。

一则科学信息如果失去了信息强度，便背离了它原本的使命。这
一信息越是复杂，它的表述就越应当清晰、细致。这也解释了为什么
那些最没有意义、前景最暗淡的科研项目频繁地受到青睐。这一局面
可以有两种表现：其一，面对一个以英语为工作语言的评委会，一个
有着独到想法的研究者不具备足够的英语表达能力来有效地捍卫自己
的项目；其二，评委会的成员自己的母语并非英语，即使他们对某些
项目能提出很有见地的反对意见，也会因为对于自己英语水平的不自
信而无法将其表达出来。在上文中，我们已经强调过翻译在当代沟通
模式中的重要性，而只要求助于译者，以上两种困局中的主角便能用
其最擅长的母语自如地表达，困难也就此迎刃而解。

此外，还有研究者与专属于他母语的推理工具之间，或者概念化
过程之间的深刻联系。因为正是母语让其发现世界，命名万物；同样，
也只有在母语中，他才能最好地把握各种论证手段的精妙之处。母语
这样一种语言具备独有的自主性，同时也带来了自身的认知局限。而
研究者正是在使用母语的过程中才最易对其革新，因为母语让他能够
自如地发挥直觉。相反，经由一种追求普世性的语言来表述的科学则
压制了革新，迫使不以它为母语的研究者借助于他人的表达方式，从
而扼杀了他自身的概念化能力，最终为一种保守型的科学奠定了霸主
地位。

这种语言，即英语，承担了被福多（Fodor，1994 年）称作"心
理语言"的"思想通用语"的职能。这也解释了为什么我们有理由对
英语在科学上的用途提出最严肃的质疑。另一方面，人类的一切语言

都是历史的产物，是各种互不相同的演化过程的产物。因此，没有哪一种语言能置各种语言之间发展道路的巨大差异于不顾、将所有其他语言纳入其中，占据科学通用语的地位。此外，人们还需要意识到认知过程与感性理解之间的紧密联系［参见海然热的《语言人》(*L'Homme de paroles*) 一书，1985 年版，第 190 页］。包括科研人员在内，任何说话者对于自己语言的使用都在客观上确立了一种语言学。它将对于不变量的根本性追求与一种"人类学目标"结合在了一起：

> "这一人类学目标有三个关键点：语言描绘总是依据文化而有所不同；社会行为由语言进行表述；各民族独有的假想话语成就了那些现实话语。"（参见海然热的《语言人》一书，1985 年版，第 352 页）

以英语作为科学领域的国际语言

> "不容于历史发展的脉络，不容于内在化道德以及每种语言里所蕴藏的文化的多面性。它忽视了人类经验的不同形态和赋予一种语言以浓郁个性的一整套参照体系，即俗语表达、象征用法以及集体共识的总和。"［参见斯坦纳（Steiner）《巴别塔之后》(Après Babel) 一书，1978 年版，第 433 页。］

这一脉络无处不在，因为它融入了每个个体的心理和社会性的构建。这也是为什么尽管有人觉得科学报告在情感上处于中立，但我们不能就此将一切个人因素从中剔除。

反对单一语言

况且，研究者的主导语言会建立起一系列关联，对思想模式以及对于各类现象的阐释产生决定性的影响。这些关联可以是语义上的，我们不妨举一个被语言学家频繁提及的例子：法语词"arbre"（"树"）与德语中"Baum"一词所指代的对象大致相同，但"bois"（"木头"或"树林"）一词则同时对应了德语中表示"木材"的"Holz"和表示"森林"的"Wald"；至于法语中的"forêt"（"森林"）一词则只与德语词"Wald"相对应。还有一个例子是颜色语义场的构成：在汉语普通话当中，绿、白、红、黑、黄五种基本颜色的分类与木、金、火、水、土五行的分类——对应，同时还与宫、商、角、徵、羽五个音阶以及酸、甜、苦、辣、咸五种味道相对应。在以对仗为基础的中国传统诗歌当中，先于汉朝不久而出现的"赋"这一文体则通过如下方式来实现关联：一对诗句上下半句的同一位置所出现的字或词两两相对［参见海然热《介词的语言学问题与汉语的解决方案》（*Le Problème linguistique des prépositions et la solution chinoise*）一书，1975 年版，第 23 页］，比如在上下句的同一位置使用同一个语义场中的两个字或词。此处所举的仅仅是语言中所存在的关联现象的其中一个例子，各种文学形式均从这一现象中获益。在不同的语言和文化当中，它以不同的方式融入每个个体隐秘的内心世界，并同时构建起个体的思想。

这一现象在人文科学领域更为明显。因为这一领域中的那套阐释和命名事物的标准所针对的对象是人以及人与人之间的关系，而这两者均不易把握。巴比耶［Barbier，参见其《通向社会型欧洲的远征》（*La Longue Marche vers l'Europe sociale*）一书，2008 年版，第 204 页和206 页］指出，"词语只有被置于某种与社会行为以及制度密切相联的政治文化中才有意义，"为此他举了两个例子。第一个例子与社会学家常用的一些术语有关。在社会学家眼里，翻译"Herrschaft"这一韦伯式的概念最合适的法语词不见得是"domination"（"统治"），因为在"Herrschaft"一词所属的语义场内部，并列存在着"Gewalt"、"Gewaltsamkeit"、"Herrschaft"、"Macht"这些词，而它们之间的关系定位与法语中"domination"（"统治"）、"force"（"力量"）、"pouvoir"（"权力"）、"puissance"（"强大"）这组词并不一样。另一个例子与两个丹麦的词语有关：它们指代两种针对早于法定年龄退休的人士的社会福利政策。第一种政策被称作"førtidspension"，字面解释为"提前了的退休金"；第二种则是"efterløn"，意为"之后的薪水"。这两个词语以及它们各自所指代的现象之间的差异十分重要：前者表达的是对于丧失工作能力的人提前退休的一种共识；后者则表示一种主动的提前退休，它与员工的养老金缴纳挂钩。这两种政策之间的差异也解释了为什么近期针对二者的改革截然不同。而英语中对于这两个词的翻译却同为"early retirement"（"提早退休"），如此一来，丹麦社会福利制度的特殊性便完全被掩盖了。

　　科研人员所使用的语言中也存在着纯粹语音上的关联。比如"vente"（"销售"）、"menthe"（"薄荷"）和"entente"（"相处"）这三个词，由于构造上的相似性而在它们之间建立起了一种意外的关联。这种关联离开了法语便不复存在：以英语为例，从语音角度而言，"mint"（"薄荷"）对应的是"hint"（"暗示"）和"lint"（"绒布"）。也就是说，同样是"薄荷"一词，在英语和法语中产生的语音上的关联完全不同。至于日语中的"hakka"（"薄荷"），它让人联想到的是另一个表示"炎症"的"hakka"，以及指代"坟墓"的"haka"。与英语一样（参见本书第一章第三节和第五章第二节），作为一门多义词相当丰富的语言，日语中的这些关联有其自身的独特性，它们也以一种不同的方式影响着日本人的关联思维。

无论是机械的还是有意识的思维习惯和关联习惯，都与语言之间保持着一种紧密的联系。这一联系可以解释为什么在科学领域，一个学者会选择用他的母语来进行表述，并确信与其他任何语言相比，母语都能够更好地让他表达自己的思想。因为在使用英语这样一门职业语言的时候，研究者不仅受制于语言能力的局限性，还苦于文化背景的缺失，也就是说对于这门语言背后的文化浸淫不深，无法形成一种批判精神与创新能力兼备的思想，一种对于词本身以及词与词之间的联系有着深刻认识的思想。正如莱维-勒布隆（参见莱维-勒布隆《试金石：科学的考验》一书，1996 年版，第259页）写道：

> "词语并不是观念的中性外衣。新观念往往诞生于词语之间意想不到的自由组合。很显然，使用外语只会压制关联现象，甚至杜绝了口误，而这些才是创造力的源泉。［……］我们可以想象，对于一个受到笛卡尔、孔德、巴舍拉尔等大师一脉相传的文化传统滋养的人，如果要用英语表达自己的思想，是多么困难……因此，除非我们满足于批量生产一些可替换的、昙花一现的科研成果，不然，要让科学保有一种文化运动特有的生命力，就必须认识到思想的多元需要语言多元的配合［……］。我们需要［……］在科学领域推广语言使用的多样化。"

选择母语和保证思想质量之间的因果关系也很有可能与我们设想的相反。比如，曾在 2002 年获得菲尔兹奖的数学家拉福格（L. Lafforgue）就认为，并不是法国数学流派的活力与质量促成了该国一如既往地用法语发表数学研究，恰恰相反，是因为这一流派持续用法语发表研究才保证了它自身的独特性和力量（参见迪朗的"不是英语就不值一读！"一文，刊登于2006年的《当下语言规划的问题》杂志）。拉福格（2005年）这样写道：

> "在心理层面上，选择法语表明了一种拒绝放弃的斗争态度。[……]当然，斗争精神不保证带来胜利，但它却是必要的。正如中国的谚语所说，只有不战而降才是失败。
>
> 在道德层面上，即从价值观角度而言，选择法语而不是一种主宰当今世界的语言，意味着我们将研究本身看得比它的传播更为重要。换句话说，[……]，追求真理胜于追求虚荣。当然这不代表放弃与他人的沟通。因为科学是一场跨越世纪的集体探险，即使最孤独的研究者也完全依赖于他已经学到的并将继续接收的知识。但拒绝过度重视即时的传播，才算是将科学研究的真义铭记于心。
>
> 至于文化和精神层面，则最难把握，也最具偶然性。然而，从得失角度而言，它可能是最重要的。科学的创造力植根于文化的各个领域：语言、文学、哲学甚至宗教。"

此外，杜诗曼（Y. Duchemin）也说过类似的话（参见其在2010年"大学会否全盘英语化"论坛上所作的发言，刊登于《世界杂志》，第40页）：

> "在我看来，数学上唯一需要倾力维护的是确保我们继续用法语词来指代我们所使用的概念。"

反对单一语言

沿着这一思路，请允许笔者也重申自己在最近的一本书中所提到的以下内容（参见海然热《为法语抗争：以语言和文化多样性之名》一书，2006 年版，第 228 页）：

> "没有什么能证明用英语来表达科学思想会比用母语更符合直觉、带来更丰富的发现。卡诺（Carnot）、贝托莱（Ber-thollet）用法语书写，孟德尔（Mendel）、普朗克（Planck）和爱因斯坦（Einstein）用德语，马可尼（Marconi）用意大利语。"

如果将这一讨论扩大，我们可以强调的一点是：当几乎所有研究者都使用同一种语言，即用同样的词汇，用同样的缩写等等，而所有人阅读的文章也都是由这种语言写成，同时孕育这些文章的文化背景也都相同时，那么要推广思想的独特性就很难了。此外，对于母语为非英语的研究者来说，这种语言也显然无法成为他们思考和构思模型时所用的语言，无法成为他们与本国同事交流时所用的语言。这就是为什么自由语言（即思考所用的语言）与强加的语言（即研讨会时口头或书面交流所用的语言）之间总是隔着一道厚厚的墙。

与公开发言大相径庭的，还有研究者与母语相同的熟人之间在非正式场合的沟通。在他们各自的实验室内，无论研究的技术性程度有多高，无论研究涉及了何等抽象的科学领域，也无论相关的实验有多复杂，研究者与他的团队内部成员都用自己的语言交流。更何况研究者正是用他们的母语从事着一项基本的工作，也就是教学。教学不只是简单地传授知识，更是对研究者自身知识水平的深化。授业难道不是让自己所学的内容变得清晰化的唯一手段吗？所谓的教学相长不就是这个意思吗？

因此，将科研等同于它的最终成果，即发表文章或者参加学术研讨会，是一个巨大的错误。它忘记了这些成果诞生的真正过程。事实上，科学在于表达。而对于一位研究者而言，想要将外语水平提高到母语水平是很不容易的，除非他生来就是双语者（假定那些双语者真能称得上有两种母语：参见海然热《为法语抗争：以语言和文化多样性之名》一书，2006 年版，第四部分）。这也是为什么英语鲜有机会成为真正的全球性的独一无二的沟通语言，尽管这样的口号此起彼伏。因为来自不同国家的研究者们还远没有达到接受这一点的地步。从我们在科学产业内部所观察到的情况来看（参见莱维-勒布隆《试金石：科学的考验》一书，1996 年版，第 245—246 页），至少在短期内甚至中期内，国际社会对于英语的掌握程度不太可能大到让英语成为一个真正的全球性的沟通与思考的媒介。

即使英语从长远来看可能实现这一目标，它也无法因此在非正式场合内取代所有其他语言；而正是在这些非正式场合使用的语言支撑起了每个人的思维实践。所以，英语无法终结一个本质现象，其在西方世界的表现可以用一本书的名称来概括，那就是"欧洲用不同的语言思考"［参见尼斯（Nies）的同名著作（*Europa denkt mehrsprachig*），2005 年版］。值得注意的是，曾经长期在宗教、政治以及科学领域统治欧洲的拉丁语，在数个世纪无情的摧残之下，最终成为了传播一种日益僵化的思想的工具。而解放了思想并激发了创造与发明因子的事件，恰恰是各民族自己的语言对于拉丁语的取代。"要反对思想过度沉溺于习惯而产生的简单化倾向，只有对词汇进行极端变革这一条路，"这是千真万确的［参见奥斯特（Ost）《翻译：捍卫与发扬多语主义》（*Traduire. Défense et illustration du multilinguisme*）一书，2009 年版，第 372 页]。今日亦然，尽管英美的科研不乏活力，我们依然要揭露思想体系的同一化以及推理模式植根于英语之后所带来的风险。像这样封闭在一个单一语言的界线之内，任其扼杀一切反抗以及一切另类却又丰富的见解，难道不会给思想带来"贫血"的危机吗？无论如何它对于创造力都是一种威胁。

3 种化*与专一化：论新自由主义的绝路

　　信息大量、持续、极速的交流以及巨额科研经费的投入，都未必是知识进步的天然福音。今天思维模式的专一化与我们在动物界观察到的现象类似：在那里，专一化的物种就引发了生物学上的严重危机，首当其冲的是熊猫和考拉［参见迪朗"作为知识进步引擎的文化多样性"（Cultural Diversity as an Engine for Knowledge Development）一文，刊登于 2008 年的《语言研究上的关键调查》（Critical Inquiry in Language Studies）杂志，第 162 页］。在饮食习惯方面，二者分别专一于竹子和桉树叶，以至于当这两种植物缺乏之时，两个物种都遭遇了大量个体死亡的情况。同样道理，今天的文化习惯也可以被称作是专一化的，因为它们通过早期的成功确立了"生物学"上的优势，从而得到了大面积推广。但同种资源的重复使用导致的是思维的窄化，以及人类在面对一切突发状况时所做出的同样僵化的回应。这样的专一化一旦愈演愈烈，便将致使物种适应进化需求的能力越降越低。

　　人类有幸避免了走入这条死胡同，靠的是自身的一个基本特征，即生物学上所谓的幼态持续（néoténie）。它表现为幼虫特点与繁衍能力的共存；换句话说，就是将童年与成年各自的特征相结合。但还有

---

　　*　生物学概念，又称"物种形成"。——译者注

一点更为重要，那就是人类懂得创造不同的思想和行为方式以及不同
的社会政治结构，这一能力抵消了专一化的风险。以古希腊为例，它
是一个内部极度支离破碎的集合，遍布着以自身独立性为傲的城邦。
它们当中的每一个都具备了自己独有的社会组织形式、司法体系、宪
法以及文化特色。这样一个异质化的整体带来了人类文明进程中的无
数发现；它的学者们也最早定义了科学方法。古希腊文化繁荣的秘密
正是在于城邦之间的竞争和一种共同体系的缺失，因为共同体系可能
会让这个异质化的整体变成一个单一化的国家。同样的现象也成就了
文艺复兴时期的意大利文化以及从 16 世纪中期到 18 世纪末神圣罗马
帝国文化的蓬勃发展：二者均由星罗棋布的小诸侯国组成，彼此之间
相对独立。诸侯资助了一批绘画、建筑、音乐和文学上的天才，而正
是这些人的作品彰显了他们各自宫廷的荣耀。因此我们可以说，真正
的普世性只见于相互独立的个体的共存之中：它们之间相对的孤立状
态为新意识的诞生创造了有利条件，为每个个体最大限度地开发潜能
提供了可能性。它们对平衡状态敬而远之，因为平衡状态拥有造成同
质化的可怕力量。

　　其他一些离我们更近的例子也验证了同一现象。比如纳粹德国时
期的科研：人们一直到二战结束之后才得知，由德国物理学家沃纳·
冯·布劳恩带领的团队不仅早在 1942 年底就成功研制了危险的 V1 和
V2 火箭，而且在一年之后他们还启动了对于更加可怕的 V3 火箭的研
发工作。1943 年 6 月初，英国的一架侦察机在位于东普鲁士的佩内明
德（Peenemünde）镇发现了庞大的军事设施。6 月 29 日，英国空军派
出将近 600 架轰炸机对其进行密集的轰炸，从而彻底破坏了 V1 和 V2
火箭的制造。当时的这一举措拯救了自由世界，因为从那以后，德国
的实验室停滞不前，而希特勒也因此无法如预想的那样，在 1945 年的

头几个月掌握足以摧毁美国东海岸并从根本上改变二战走势和结局的核武器（参见迪朗"作为知识进步引擎的文化多样性"一文，刊登于2008年的《语言研究上的关键调查》杂志，第151页）。

  然而，德国的科研团队是在一个几乎完全封闭的环境内实现如此复杂的对于大规模杀伤性武器的研发工作的。因为从1933年起，纳粹德国就孤立于世界其他国家。当时德国公民的出境受到了相当严格的限制，整个国家实施的是一套自给自足的体系。然而，这12年的封闭期却成就了德国科技对于世界其他国家的全面超越。类似的现象也出现在法国，尽管它的科研并不以军事化为导向。二战时期的法国，德语的科学刊物受到严格的审查，而英语世界的杂志更是已经绝迹，然而，法国的科研人员依然从事着一流的研发项目。比如生物学家雅克·莫诺（J. Monod）与另两位学者一起，成功地论证了蛋白质在转录作用中所扮演的调节角色，并与他们共同获得了1965年的诺贝尔奖。数学家洛朗·施瓦茨（L. Schwartz）的研究则让他在日后获得了数学领域的最高奖项菲尔兹奖。生物学家哈尔伯（B. Halpern）成功地合成了第一种抗组胺药安特甘（Antergan）；另一位生物学家路易·奈尔（L. Néel）则在此期间完成了他的主要研究，并在此后获得了40项专利以及1970年的诺贝尔奖。最后，还有镭研究领域的专家拉卡萨涅（A. Lacassagne）也是在这一时期发表了31篇描述抗癌疗法的文章（参见迪朗"作为知识进步引擎的文化多样性"一文，刊登于2008年的《语言研究上的关键调查》杂志，第151页）。

  所有这些事实都可以作为论据来支持一个并不太流行却又很有意义的观点：那就是在专一化的对立面存在着一个种化过程，即身处孤立环境的物种逐步进化出自身特征的过程。从类比的角度来说，文化上的相对孤立也能成就学术领域的种化过程：我们刚刚提到的古希腊、古典时期的意大利与德国，以及 1933 年至 1945 年间的德国和法国，都体现了这一点。与今天全盘美国化了的科学界所孕育的思想相反，一种孤立的思想更有机会通往一些尚未探索的领域，而这些领域才有可能为至今无解的许多问题提供独特的答案。如此一来，那个由于过度专一化而被引上进化绝路的过程便有了逆转的可能。在政治经济界，这条绝路表现为一成不变地用新自由主义的思维来解决当今世界的问题。这种僵化代表了某种生态熵*值的威胁，它最终很可能通向细分之路；而我们知道，在细胞系统内部，细分现象发展到极致便是癌，即同一种狡猾的细胞通过不断扩散和不断蚕食来侵占宿主的身体。生存于由同一性所造就的同质化环境之中十分危险，因为它强加了一种远非理想状态下的平衡。这种平衡只是全球化压力之下的产物。事实上，这里所谓的全球化建立在单一思想的独裁之上（参见本书第三章第一节和第三节），而单一思想又恰恰源于新自由主义。如果继续以物种的进化作类比，我们可以将新自由主义以及将法国那样有民族特性的国家贬为过时的行为，视作一种心理病毒［参见萨隆（Salon），《我们希望的法国》（ *La France que nous voulons* ），即将出版］，其所能造成的恶果一旦不被揭露，不受反抗，将变得非常可怕。

因此，与我们所提倡的整体化不同，全球化远非进步的象征，而是一种退化现象。尽管从形成伊始，人类的思想就走上了一条强劲的、不断扩大的差异化之路，但全球化的存在却令其有了退化的风险，直至倒回原始的标准思想状态（参见迪朗"作为知识进步引擎的文化多样性"一文，刊登于 2008 年的《语言研究上的关键调查》杂志，第163 页）。要抵挡这一风险，进而拯救人类，需要一场以确保差异化为

---

* 在生态学上，熵是一种表示生物多样性的指标。——译者注

目标的运动所带来的负熵反应。这一反应还能拯救世界，因为它对抗了种种刻板的思维和对于记忆的叠加——它们所带来的重负让想象变得枯竭，并在同质性的主宰下消磨了人类思想的差异化特征。但与此同时，也存在着大量背离刻板思维、拒绝它所带来的虚假平衡的现象，这正说明了单一思想下的同质化进程并非不可避免。它是被强加于社会内部以及国与国的交流之中的，而罪魁祸首则是商业利益主导下的大一统局面。

想要发觉这一真相，只需要观察那些将新自由主义推崇为唯一意识形态的人。他们的行为和言论所属的语义空间频繁地涉及了新自由主义世界观主导下的一切政治和伦理话题（参见布尔迪厄在 2001 年"一个民主的欧洲需要什么样的语言？"论坛上所作的发言，第 44 页）。关于这一世界观，还需要补充的是，新自由主义有一个很少被明确理解的层面：它具有约束力和压迫性。因为那些不服从强权获利原则的国家几乎都会在新自由主义的背景下受到经济和商业上的报复，或者被迫对本国人民强行实施财政缩减和其他苛政。由于这些举措的反民主特性，自然也就极度不受欢迎。今天出现在希腊的激烈抗议活动就是明证。

美国在政治经济领域的寡头地位与自然界中具有统治力的捕食物种类似。后者在面对环境的改变以及冲击的时候，总是以一些被证明有利于树立它统治地位的方式回应，一成不变且永无休止。原因在于这些方式成就了它生物学上的扩张性优势。而财阀寡头政治下的美国也是如此，事实上，所有不主张文化习惯多元化的人类社会都可归入其中。每当有障碍出现的时候，它们就求助于同一种解决之道。以金融危机为例，我们会发现以下这一规律：每一次的危机都会带来一个短暂的"道德反思"阶段，但该阶段一过，便有一种愈发顽固的重商主义卷土重来，且伴随着逐利行为全面的、几近歇斯底里的反弹，直到下次危机来临为止！

因此，这里所呈现的是一种超级专一化状态。它与推陈出新的逻辑渐行渐远，拒绝一切进化，甚至可以说将自己囚禁在了反进化的牢笼之中。在语言领域，尽管依然有人在嘴上大谈多元化，但事实上这种超级专一化的后果是让我们带上独尊英语的枷锁，被封闭在这种旨在建立起全球范围内主导地位的语言之内。然而，这种主导地位与视金钱为历史进程的唯一动力的思想具有同样的不确定性。一旦出现对现状的挑战，证明金钱至上理念的错误，并发现从根本上推动人类社会进步的是别的因素，那么，新自由主义以及英语的统治就将迅速坠入历史的深渊。

通过本章针对科学工作者与语言之间关系的一步步研究，我们看到：在科研领域，封闭于一种单一的语言内部将阻碍研究的繁荣。对于研究者本身而言，它也意味着一种严重的危害，甚至威胁到了人的自由，加大了继续进化的难度。而现在是时候思考对于法国科研人员来说，用英语表述所带来的危害究竟根源何在。也就是说，我们要研究法语与英语这两种表达体系有哪些区别。这将是本书下一章的内容。

第五章　法语与英语：两种语言，两个世界

1　拼写、语音和首字母缩合词

如今英语被广泛描述成一门简单的语言。这一看法带着明显的迎合色彩。因为仅从拼写这套由人类后来发明的语言的外在系统而言，英语可以被认为是最难的语言之一，尤其当我们将它与其他一些拼写和读音基本一致的语言作比较之时：包括使用音节文字的语言，如印度的古婆罗米文到今天作为标注印地语的天城文；或者用来标注阿姆哈拉语的埃塞俄比亚音节文字，以及日语（平假名和片假名）等等；还有字母系统语言，如创立于 1446 年的韩语字母表；或者传统意义上认为创立于公元 5 世纪的格鲁吉亚语和亚美尼亚语各自的字母表，尤其是后者，它被语言学家梅耶（A. Meillet）认为是世界上最令人叹为观止的字母表。

法语的拼写难度举世公认，这门语言当中存在着 190 个字符（最小的书写单位），用以标注 36 个音符（最小的发音单位）；然而，与需要 1,120 个字符来标注 62 个音符的英语相比，这并不算什么。这也解释了为什么意大利人没有诵读困难问题，而法国人却深受其害，而它对于盎格鲁-撒克逊人就简直是一个灾难了。在这项研究中，学者尤其提到了英语中"ou"这一字母组合在"through"、"rough"（或者

101

"slough")、"bough"、"four"和"tour"这五个词当中的五种不同发音。沿着这一思路,我们还可以作以下的一些补充:比如"o"这一字母在"do"、"show"、"ogle"、"one"、"sword"、"women"、"shovel"、"worse"这八个词当中的八种不同发音;"ea"这一字母组在"heart"、"heard"、"tear"("撕裂")、"tear"("眼泪")、"measles"、"Reading"(英国伯克郡的一个城市)这六个词当中的六种不同发音;以及字母"u"在"full"、"dull"、"use"、"busy"、"buy"这五个词当中的五种不同发音。同样是字母"u",在"conquest"(名词"征服")一词中发音,在"conquer"(动词"征服")一词中却又不发音,而这两个词的词源完全相同。难怪爱尔兰剧作家萧伯纳(G. B. Shaw)曾经开玩笑说,英语中的"fish"一词可以写成"ghoti",因为"gh"在"enough"中发 [f],"o"在"women"中发 [i],而"ti"在"nation"中发 [š]。

与上述这些现象相比,法语的拼写就显得没那么复杂了,尤其考虑到它的某些拼写规则有历史依据可循。比如"honneur"一词所包含的两个"n"中的第一个,就记录了该词的鼻音化过程。它源于法语演变的第一个阶段中,大众对于拉丁词"honor"中"o"的拉丁发音所做的不断改变。而记录这一历史过程的"n"就没有理由出现在"honorable"一词中,因为后者直接引自书面学术拉丁词"honorabilis"。其他的例子还包括"polaire"、"gracieux"、"coteau"、"déjeuner"、"iconoclaste"这些派生词中长音音符的缺失,相反,在与其对应的"pôle"、"grâce"、"côte"、"jeûne"、"icône"当中,这一音符就被保留了下来。因为后面这些母词都只有一个音节,有发长音的趋势;而在前面的派生词中,重音落在最后一个音节上,于是来自于词根的那个原音便发得相对短促,长音音符自然也就不需要了。

因此我们可以看到，与上文提到的包括法语在内的其他语种相比，英语拼写上的晦涩无法解释这门语言为什么会被天然赋予了国际流通语言的地位。笔者在此就不对语音部分做更多的强调了，因为英语发音难是基本公认的一个事实。以它为母语的人尚且会不时对某个词的发音产生犹豫，更不用说其他国家的人了。除非在英语国家住上很长一段时间，否则外国人根本无法在英语发音上与本地人一致。除了发音之外，还需要提到的是缩写以及首字母缩合（其中有一种是缩写后仍按常规词发音的情况）。所谓的缩写指的是，从一个词组中保留部分音节从而重新组成一个较短的词语。在字母系统语言中，这一做法还可以与首字母缩合结合起来：比如"cégétiste"（"法国总工会会员"）一词，或者西班牙的"Partido Socialista Obrero Español"（"西班牙工人社会党"）的缩写"PSOE"。

随着工具、制度、政党、协会以及商品等的大量出现，许多现代语言中首字母缩合现象也迅速增多。比如俄语、希伯来语，尤其是印度尼西亚语，居然包含了 2.7 万个缩写和首字母缩合——考虑到这门语言建立在 2.5 万个左右的词根之上，这个数字可谓相当惊人。引用了这些数据的拉布鲁斯［Labrousse，参见"改革与关于改革的演说：印尼的情况"（Réforme et discours sur la réforme：le cas indonésien）一文，收录于《语言改革：理论与未来》（Language Reforme，Theory and Future）一书，1983 年版，第 343 页］对印度尼西亚独立后由于语言中的缩写倍增而导致的表述晦涩化颇有微词；他同时也反对从这种晦涩化中得利的现象，因为话语一旦变得晦涩，那么理解力便成为了一种权力。这一批评可以延伸到大量来自美语的缩写和首字母缩合形式（笔者在前文已经提到过一些美国不同组织和行政机构的缩写，参见本书第二章第一节）：如果说这些缩写能为英语国家的人所读懂的话，那么外国人对其构成方式则远远谈不上理解，因此，他们也就无法明白这些缩写形式的真正意思。

2 英语中的一词多义和省略倾向

英语中还有另一个可以说与其国际性语言的职能相冲突的特征，那就是这门语言中存在着大量词义过于丰富的词语。关于这一特征的重要性，本书第二章讨论"伪友"以及英语对于诺曼语的借鉴时已经提及。在同一个词的多个完全不同的意思之间，语境经常成为唯一的选择依据。诚然，这一现象是世界性的：一切语言皆含有近义词。但语义内容在词汇中成倍扩张的倾向，以及语境在释义上的重要性，在英语中尤其明显。今天许多广为流传的词都包含了多重含义。这不利于建立在词语的某个被认可的主导含义基础上的相互沟通。但恰恰是这一现象促进了这些多义词的传播，因为每个词都通过传播将某个特定的含义与其联系起来。

英语中一个词可能具备的多重含义，在法语中经常由不同的词来表达。比如著名的"manager"一词就属于这种情况：它最常用的含义包括了"经理"、"主席"、"主管"、"组织者"等。英语的"implement"在法语中无法直译，为此而生造的"implémenter"一词则俗不可耐。事实上，根据语境的不同，"implement"的不同含义可以由法语中的"落实"、"执行"、"搬移"、"赋予"等词或词组来表达。而与其他许多词一样，在欧洲十分流行的"coach"一词按照语境的变化可以指代"教练"、"导师"、"辅导员"、"师傅"等不同职业人群。此外，法语中还将"langagier"（"语言的"）和"linguistique"（"语言学的"）两词对立起来。同理，正如我们在本书第三章第一节所看到的，"globalisation"（"整体化"）和"mondialisation"（"世界化"）两词也在法语中被区别对待；而我的美国同仁们也觉得有必要将这一区分借鉴到英语中来。

依靠语境明确词义是典型的英语特征，它与法语的结构有着明显的区别。这一差异也出现在了名词词组中冠词的作用上。法语中使用或者省略冠词的规则与英语不相对应。这一现象带来了一个惊人的政治后果（参见海然热《法语与诸世纪》一书，1987 年版，第 30 页）。1967 年 11 月，在六日战争*以及以色列占领了多片阿拉伯土地之后，联合国通过了第 242 号决议，即对以色列政府的呼吁。该决议有英语和法语两个版本：英语版本呼吁"以色列武装力量从近期占领的土地上撤离"（"withdrawal of Israel armed forces from territories occupied in the recent conflict"）。根据对"territories"（"土地"）一词外延的不同理解，这句话可以有两种不同的解读。一是将"territories"的外延理解为不定的，即部分的；二是将其理解为确定的，哪怕前面省略了定冠词"the"，因为在英语中，抽象复数名词前定冠词不是非加不可的。而相反，法语句法决定了"territoires"（法语中的"土地"）一词如果要表达部分性，则需要在前面加上"de"；而如果表达的是确定性，则应该加上"des"（即"de + les"之后的缩合）。而在决议的法语版本中，我们读到的是"retrait des forces armées israéliennes *des* territoires occupés dans le récent conflit"，也就是呼吁"以色列武装力量从近期占领的全部土地上撤离"。不出意外，打了败仗的阿拉伯诸国强调法语版本的权威性，而英语版本则为希伯来国家所承认，因为根据英语版本可以将联合国的呼吁解读为从部分而非全部被占阿拉伯领土撤军。

英语和法语的另一个显著区别是英语倾向于在一连串名词中间省

---

* 即第三次中东战争，以色列方面称其为"六日战争"。——译者注

略工具连词。这样对名词进行串联的例子层出不穷。然而，却没有任何明确指示说明词组中的哪些成分有语义上的联系。我们可以举以下这个相当常见的例子为证："Supplementary Staff Test"。这一名词词组本身并不能告诉我们到底它指的是"为了招聘员工而进行的额外考试"，还是"为了招聘额外员工而进行的考试"。事实上，从名词串联这一方面来说，英语通常并不强制要求使用一些明确句法关系、即明确句义的词，而名词的先后顺序又无法表示它们之间的等级关系。相反，在法语中，这些工具词作为句子的基石则是不可或缺的，并且只要是表意的名词都会按照一定的相互关系而排列。以"the U-nited States Second World war nationwide effort"这一英语表达为例，尽管"war effort"（"战时动员"）含义明确且使用甚广；尽管"United States"（"美国"）和"nationwide"（"举国"）中的"nation"（"国"）在句中隔着一定距离，并且"nation"是合成词"nationwide"的一个组成部分，但如果要将它翻译成法语，就不能是"l'effort de guerre national dans la Deuxième Guerre mondiale faite par les États-Unis"（"美国在二战时所做的举国战时动员"），而似乎更应该表述为"l'effort de la nation américaine durant la Deuxième Guerre mondiale"（"美国为二战所付出的努力"）。

同样道理，赫伯特·乔治·威尔斯（H. G. Wells）的小说标题"The Time Machine"（"时间机器"）如果直译成法语则毫无意义。因为法语这门语言要求有一定的解释性的词存在，比如这一标题可以翻译成"La Machine à mesurer le temps"（"量度时间的机器"）。此外，在报纸的大小标题当中，英语有着特别明显的省略连词的倾向。当然，任何语种的媒体标题都有省略的情况，但这一现象在英语中尤甚。在省略上可以与英语相提并论的语言很少，主要是东亚和南亚的一些单音节语种，比如汉语中的普通话和广东话，泰语或者越南语。这些语言在词汇构成上由实词占主导，哪怕仅以工具词为例，除了极少纯语法功能的词之外，大部分也都出自于实词。在英语报章中，我们可以找到类似这样的大标题："Port to get new grain facilities"，引用它的文奈（Vinay）和达贝尔奈特（Darbelnet）将其翻译成法语之后（参见两人合著的《英法修辞学比较》一书，1977 年版，第 169 页），则长了许多，意思也更为明确："De nouvelles installations sont prévues pour la manutention des grains dans le port［de Montréal］"［"（蒙特利尔的）港口将会配备新的谷物搬运设备"］。

　　如果说法语的典型特征是在表达中通过词汇补充来明晰语义，那么，英语的典型做法则是省去这些法语看来必不可少的词。这一对立现象不只存在于媒体的标题之中。我们可以举一个代词使用的例子来对这两门语言做比较：英语中频繁使用代词来表示某一语境内正在讨论的主题，这一主题属于原始现实的范畴。而法语则倾向于用名词来取代这些代词，这些名词有时还被辅以品质形容词或者相关从句，由此形成的这个整体重拾前文刚刚提到的内容，并对其进行具象的概括。于是，英语中 "this has radically changed the situation" 和 "this probably explains why［...］" 这样的句子就被文奈和达贝尔奈特以如下方式分别译成了法语（参见两人合著的《英法修辞学比较》一书，1977 年版，第 112 页）："cette initiative［mesure］du président change la situation du tout au tout"（"主席的这一举措彻底扭转了局势"）；"les considérations qui précèdent expliquent peut-être pourquoi［...］"（"上述的考虑可能能够解释为什么……"）。

　　这种对于表达准确性的追求在法语中远胜英语，事实上，它对于每一门语言在描述一起事件及其参与者的方式上都有着一定影响。法

反对单一语言

语就有将非生命因素作为语法意义上的主语的惊人习惯，比如在以下两个句子中："l'article souligne cette nécessité"（"文章强调了这种需要"）；"le traité reflète ces principes"（"条约体现了这些原则"）。这一处理方式被笔者称为法语句法的泛灵主义（参见海然热在《巴黎语言学公报》上的一篇纪要，1997 年，第 327—328 页）。它将这门语言与其他语言，比如俄语，对立起来。在俄语中，上述的两个句子无法被直译，而通常会被各自表述成"在文章中这种需要得到了强调"，"在条约中这些原则得到了体现"。当所描述的事件可能涉及的主语为人的时候，法语的倾向十分明确，那就是根据主语来进行表述。因为主语被认为是观察以及思考这些事件的主体。它由"on"（"人们，大家"）这一法语中典型的无人称代词来呈现。相反，在同样的情况下，英语就更倾向于描述事件本身，排除一切以人的因素为出发点的解读。在这一层面，英语与其他一些日耳曼语种，如德语，有些相似。正因如此，法语中"tantôt on voit surgit des colonnes de feu"（"人们不时地看到火柱窜起"），或者"le pétrole brut canadien devra trouver de nouveaux débouchés si l'on ne veut pas que l'industrie tombe dans le marasme"（"如果大家不想看到工业陷入萧条的话，那么加拿大的原油必须找到新的销路"）这样的句子，到了英语当中则变成了"sometimes pillars of fire will soar up"（"火柱不时地窜起"）和"more markets for Canadian crude will have to be found if the industry is not to stagnate"（"如果工业不想停滞的话，那么加拿大的原油必须找到更多的市场"）。

讲述事实却不将其与任何抽象主语挂钩，即使对于该事实的解读正是出自这一主语所代表的视角和思想，英语中的这一现象与其另外两种倾向不无关系：一是避免在句中提及原因及具体涉事者，二是热衷于对具体事件的细致描述。第一种倾向体现在被动语态中施动者补语的频繁缺失，比如以下这个句子："the doctor was sent for"（"去请了医生来……"）。同样的句子在法语中则会加上一个泛指的主语施动者"on"："on envoya chercher le docteur"（"我们派人去找医生"）。

在引用了上述这些句子的文奈和达贝尔奈特看来，英语拒绝在任意情况下都为某种现象寻找一个确凿的原因，以及英语钟情于客观性、疏远主观态度这两个特征，与他们口中"盎格鲁-撒克逊人对于作即时判断、发表即时观点的厌恶"（参见两人合著的《英法修辞学比较》一书，1977 年版，第 136 页）有关。即使我们将这一普遍看法当作是这两位作者的个人观点，我们至少也可以说，英语和法语反映了两种相当不同的世界观，正如本章中许多例子所体现的那样。

至于英语热衷于事件的具体描述这一点，只需举一个例子即可。一个在法语中用普通动词就能表达的动作，英语则强烈倾向于使用含义非常具体的动词，偶尔还以隐喻的方式出现，比如在一篇书评报告中出现的以下这一简单的句子："There are some researchers who cannot be *pigeonholed* into one of the groupings"［参见英格拉姆（Ingram）对于《孩子如何学习语言》（*How Children Learn Language*）一书作的书评报告，刊登于 2008 年的《语言》（*Language*）杂志，第 201 页］。在法语中，我们只能将其翻译为"Il existe des chercheurs que l'on ne peut *classer* dans un de ces groupes"（"我们无法将有些研究者归入这些类别中的其中一个"）。因为英语原句中使用了一种隐喻，将鸽棚中鸽子所居住的方格比作一种归类，而同样的用法在法语中却并不存在。有意思的是，同样与鸽子有关，法语动词"pigeonner"（引申为"欺骗"）的含义则源于将鸽子与愚蠢等同起来这一法式思维，也就是说它并非出自一种客观观察，而是源自一种将动物抽象为某种智慧态度的象征这一独特视角。

因此，英语远比法语更倾向于描绘和再现具体现实的多面性。这是一个古老的特征，它深深植根于语言之中。因为英语中表述具体事件的词汇主要来自于撒克逊语，而它们的存在早于英语对于法兰克-诺曼底词语的大规模引入（参见本书第一章）。除了上文提到过的英语中丰富的描绘不同类型的"步态"的词语，我们还可以记住这门语言中有着同样丰富的指代"击打"的词（从"hit"到"swap"，包括"knock"等等），或者大量指代物体坠落发出的声音的词语，这些词语通常源自于一些象声词。

3 致命的模糊性

除了加剧了一词多义现象的省略倾向，英语中还存在着一些危险的词义模糊的个案。作为一门流通全球的语言，即使它的地位并非出自于各国的选择而是被强加于各国，我们至少能指望它表义清晰，不模棱两可，尤其在那些关乎安全和生命的领域。比如几乎彻底受英语统治的民航领域。事实上，有过远距离旅行经历的人都会发现：在所有的航班上，除了航空公司所属国的语言（通常也是大部分旅客所使用的语言）之外，英语均被强制使用。很少有空姐或其他机组人员会照顾到那些以航班目的地语言为母语、却又不懂英语的乘客的理解问题。于是乎，对于这些乘客而言，连篇累牍的英语广播通知便不自觉地增添了一份喜剧色彩，倒是点缀了长距离跨洲旅行的单调乏味；有时也对那些不懂英语的乘客起到了催眠的效果。当然，改变这一局面需要花费一点经济代价，但这样的举措完全符合逻辑，也是航空公司关心乘客的最明显标志。

此外，英语原则上被强制定义为控制塔与飞行员之间的对话用语，而这又是以安全为理由的。然而，稍稍一想，我们就会知道：在双方均不了解英语的情况下，这一理由是完全荒谬的。于是，当地勤人员与飞行员均使用同一种非英语的母语之时，为了保障乘客的利益，他们就乐得违反这一规定。因为对于他们而言，使用母语表达终究比使用英语更加清晰；换句话说，在这类情况下，使用英语非但不能带来安全，反而可能将乘客置于危险的境地。但即使地空双方均以英语为母语，也就是说不存在对于英语的理解问题，另一种不明确性也会出现。而这种非外因导致的不明确性则要归咎于英语本身。

一个有着无数航班不分昼夜来回飞行的英语国家必然存在许多空中事故。当地的媒体对此三缄其口；至于外国媒体（假设它们知情的话）报道得就更少了。但也有对这些悲剧的调查研究。笔者在此只举一个例子。在库欣所调查的众多空难中〔Cushing，参见《致命之词：沟通冲突与空难》（*Fatal Words*：*Communication Clashes and Plane Crashes*）一书，1977 年版〕，有一起发生在英国东方航空公司的一架飞机上。1972 年 12 月 29 日，这架飞机坠毁于美国佛罗里达南部的亚热带大沼泽地区，那里茂密地生长着许多长草。这起事故导致了全部乘客和机组人员丧命。在坠毁前，控制塔曾经给出"Turn left，right now！"的指令，也就是"马上左转！"的意思。这一危急关头的指令看似简单明晰。但英语中的"right now"也可以理解为"现在右转"，而当时的飞行员正是因为作出了这样的理解，才让飞机直插入荆棘丛深处。

在世界上最为人知的、使用最广的那些语言当中，没有任何一门语言含有一个既可以表示"右边"，又可以和另一个意为"现在"的时间副词组合在一起表达"马上"的词语：西班牙语的"enseguida"，葡萄牙语的"de seguida"，德语的"sofort"，荷兰语的"onmiddellijk"，意大利语的"subito"，俄语的"totĉas"，汉语的"mǎshàng"，日语的"sugu",印地语的"abhī",阿拉伯语的"mubâšaratan",现代希伯来语的"miyad",印度尼西亚语的"sekarang",所有这些表达"马上"的词都没有"右边"的意思。因此,即使我们认为作为理解误差的成因之一,对话双方的错位与缺乏调整既属于智慧和认知领域,又属于社会和互动领域,但英语词"right"的模糊性是与生俱来的,与语境无关。而词义模糊性是沟通失败的根源。也正是这一英语独有的模糊性让它全球通用语言的地位变得令人颇感意外,尤其在那些与飞机航班一样安全至上的情境下。值得注意的是,尽管库欣在书中整理了如此丰富的数据,而航空界对此也早有所闻,那些以改善航空管制程序和增加航班安全系数为使命的国际组织,尤其是这一使命的欧洲代表欧洲管控(Eurocontrol),却对这些数据置若罔闻,并拒绝对英语统治航空领域的现实进行反思,哪怕这门语言会带来可怕的语义模糊问题。

4 英语、法语和对于空间运动的表达

在表达人与空间的关系上,英语对描绘现实多面性的执着则更为明显,法语在这方面与它有着深刻的区别。许多语言都能精准细致地表达人或物在空间中的位置,比如高加索地区西北部的语言、玛雅语、易洛魁语等等。然而,英语的不同之处在于它表达的是另一种与空间的关系,一种非静止的、动态的关系,即人或物在空间中的运动。与其他许多语言(尤其是同属日耳曼语系的德语、荷兰语等)一样,英语讲究对各种运动模式和具体位移方式的准确表述。法语则不是如此,或者说很少这样表述。绝大多数情况下它只关心运动本身。这就是为什么以下这三个英语句子(引自文奈和达贝尔奈特合著的《英法修辞学比较》一书,1977年版,第106页):

"the ship was steaming up the Hudson,

the horsemen rode into the yard,

a bird flew into the room"

在法语中对应的分别是：

"le navire remontait le Hudson（船沿着哈德逊河而上），

les cavaliers sont entrés dans la cour（骑士们进入了院子），

un oiseau est entré dans la pièce（一只鸟进入了房间）。"

同样道理，如斯洛宾（D. I. Slobin）所说［参见其"什么让运动方式变得显著"（What makes manner of motion salient）一文，刊登于2006 年的《语言类型学研究》杂志（*Typological Studies in Language*），第 59—60 页］，我们无法想象在巴黎动物园会找到一块类似于美国加州圣迭戈野生动物园入口处所矗立的牌子，上面写着：

"DO NOT TREAD, MOSEY, HOP, TRAMPLE, STEP, PLOT, TIPTOE, TROT, TRAIPSE, MEANDER, CREEP, PRANCE, AMBLE, JOB, TRUDGE, MARCH, STOMP, TODDLE, JUMP, STUMBLE, TROD, SPRING OR WALK ON THE PLANTS."

这段话除了让读者注意自己的行为之外，还能通过展示英语中对于行走类型的多样性的表达来娱乐读者。假设这一长串的动词接龙——在英语这样一门语言中倒也并非十分出人意料——不会惹游客

反对单一语言

发笑，而我们又尽可能地将它翻译成法语的话，就会得到类似下面这段话：

> "严禁行走于绿化带：无论是踱步、直行、跳步、顿足、小步前进、留下足印作为标记、踮脚、小跑、拖着脚走、蛇形前进、匍匐、蹦蹦跳跳、慢慢悠悠、边走边忙、蹒跚前行、有节奏地迈步、跺脚、碎步前行、跳跃、晃悠、轻步、蹦起或者正常步行。"

置身于这样一块标志牌之前，以法语为母语的人应该会感到震惊。当然，如果他有足够的幽默感，或许也会大笑回应。因为这样一段详细描述了一系列可能的行走方式的命令完全不符合法语区的文化习惯。尽管法语中也有"顿足"、"匍匐"、"蹒跚"、"直行"、"蛇形前进"这些词，但它并不会在公共场所的一块标志牌上如此细致地写明如此种种位移的方式。更多的时候法语会采用"行走"这一动词。而英语用其为数众多的指代移动类型的动词所表述的部分，法语则通过"en+现在分词"所构成的方式状语来实现。

可以想象的是，任何仔细阅读过圣迭戈野生动物园的标志牌以及它的法语译文初稿的人，都会意识到英语中存在一个与法语极端相反的特征：那就是英语用动词来表达完成运动的方式，而在法语中，这种方式则由"en+现在分词"所构成的方式状语来体现。我们可以举出其他一些更能反映这一区别的例子。比如在英语中，我们会说：

> "he swam across the river（引自文奈和达贝尔奈特合著的《英法修辞学比较》一书，1977年版，第58页），

he sang his way to fame（引自 2008 年 2 月 15 日《纽约时报》的一个标题），

I talked myself into the job（引自 2003 年 5 月一名学生在洛杉矶加州大学所作的一个声明)",

或者

"I talked myself out of a job"。

上述这些句子在法语中分别对应的是：

"il a traversé la rivière à la nage（他游着过了河），

il est devenu célèbre par le chant（他通过演唱而成名），

j'ai obtenu le boulot par mon bagout（我由于能说会道而获得了这份工作），

j'ai perdu ma chance d'avoir un boulot pour avoir trop (ou mal) parlé［我由于说太多（或说得不好）而失去了得到一份工作的机会]"。

我们可以发现，英语和法语在结构上的深层差异在于两种截然相反的对于运动（或运动结果）以及运动方式的表述。英语中表达运动方式的是动词；表达运动结果或运动本身的完毕则采用由介词引导的状语补语。法语则恰恰相反：结果用动词表达，方式才用状语补语表达。导致负面结果的方式也包括在内，一如最后一个例句中那个不具说服力或者表达不够简练的倒霉的应聘者。如果遵循语言学家的命名

法，将这一表达方式的补语称为"卫星词"，那么我们可以说，英语
是一门以卫星词为中心的语言，因为在英语中卫星词被当成动词、即
句子的中心成分处理；而法语则是一门以动词为中心的语言，因为它
用动词来表达结果，即句子所包含的主要信息［参见海然热在《巴黎
语言学公报》上的一篇纪要，2008 年，第 9—10 页；及其《介系词》
（*Adpositions*）一书，2010 年版，第 268—269 页］。除法语之外的其他
罗曼语也是以动词为中心的语言，而希腊语、巴斯克语、土耳其语、
韩语、日语以及闪族语亦是如此。相反，以卫星词为中心的语言则数
量较为有限，它们中有斯拉夫语族、凯尔特语族、芬兰-乌戈尔语族以
及包含了英语的日耳曼语族。比如在德语中，我们经常能读到以下这
样的句子：

"der Vogel fliegt aus dem Gebüsch heraus"，

或者

"das Schiff segelt in den Hafen hinein"，

翻译成法语则是：

"l' oiseau sort du buisson（鸟出了灌木丛）"

以及

"le navire entre le port（船进了港）"。

　　与英语一样，在上述句子里面，运动的结果通过"卫星词"（即这里分别指代"在外面"和"在里面"的方向副词）来表达。而动词则描述方式，也就是第一句中的"飞"和第二句中的"扬帆"。这种用词的多样性与圣迭戈野生动物园入口处的标志牌上出现的那一系列表达"行走"的动词异曲同工。与英语和德语相反，法语不会做出如此明确的描述。通常它会满足于只使用一个抽象动词。以至于在表达"靠近"、"经过"、"发射"、"打开"、"关闭"这些概念的时候，德语会使用众多不同的动词，而法语却只用一个（参见马尔布朗的《法语与德语之比较修辞学》一书，1963 年版，第 66—69 页）。

　　相比日耳曼语族内的其他语种，这种源自日耳曼语的类型化特征在英语中的渗透更深，以至于在英语的口头用法以及部分文学表达中，形成了大量以副词结尾的词组，且该副词具有一种甚至多种含义。由于我们常常无法通过分析推导出这些含义，因此可以认为它们是习惯用法。比如 to tell someone off（"责骂"），to put away one's things（"整理东西"），to put someone out （"使失态"或"打扰某人"），to string someone along（"误导某人"），to get over someone（"从失去某人的痛苦中得到解脱"），I can't get over it（"我无法摆脱它"），to run down someone（"诽谤某人"），to take it out on someone（"抨击某人"或"报复某人"或"向某人泄愤"），sleep on it（"把问题留到明天解决"），he slept out last night's party（"他昨晚的酒醒了"），to zero in on（"补一枪"或"集中注意力于某事"，本义为射击时将高度和风力带来的偏差调为零，以期击中目标物的中心）。

　　以副词结尾的英语词组中属于习惯用法（即无法从词组的成分组合中推导出其含义）的那部分是如此庞大，以至于学英语对于非母语人士来说变得相当困难。而那些自以为能用英语造句就算学会了英语的人，却为这门语言臆造了一个易学的荒谬名声。当然，英语的词形不太复杂。它的名词和动词的形态不像德语、法语、西班牙语或者俄语这些有词形变化的语种那样多变。但恰恰因为这一点，我们可以将英语中习惯用语泛滥的现象，理解成对于这门语言在发展过程中所呈现的词形变化缺乏的一种补偿。中世纪早期的古英语是一门有词形变化的语言，但从这一时期一直到公元 13 世纪，英语受到了严重的"损耗"，从而直接导致了现代英语词形简单这一特点。

如果我们在上文所举的英语例句以及它们的法语翻译中探究语义的组织方式，就会发现，这两种语言代表了两种完全不同的展现事物的方式。回到"he swam across the river"这句话，我们注意到英语原句是围绕"游泳"这一画面建立的，而法语的译句则是以一个表现"穿越"这一动作的中性词为中心构造的。也就是说，英语原句强调动作的画面感。从另一方面来看，原句的重音落在句末的"卫星词"（译句中与其对应的是句首的动词）上，这一现实弥补了"卫星词"的附属身份，也最终使得英语句子在语音体系和词形体系上与法语句子截然不同。当然，鉴于我们既能说"he swam across the river"，又能说"il a traversé la rivière à la nage（他游着过了河）"，这也就意味着这两种表达都准确地记录了现实的物理特征。

最近有人在一个以英语为母语的群体中做了一个测试（参见斯洛宾的"什么让运动方式变得显著"一文，刊登于 2006 年的《语言类型学研究》杂志，第 73—75 页），将一篇没有使用任何表示具体行走方式的动词的英语文章送到他们手上。该文章由不包含此类动词的西班牙语原文直译而成，描述了一个携带着沉重行李的人走在一条满是烂泥和石子的路上。接受测试者需要说出看到这篇文章后在脑海中形成的画面。测试结果十分具有教育意义：这群母语为英语的测试者无一例外地借助于表达行走方式的动词来描述他们的感受，比如 stagger（"蹒跚"）、stumble（"踉跄"）、trudge（"一瘸一拐"）等等。英语词汇给他们提供了大量同类型的动词：从 barge（"蹒跚前行"）到 zip（"一闪而过"），还有 skedaddle（"逃跑"）、stampede（"逃窜"）、wriggle（"蜿蜒前行"），可以说圣迭戈野生动物园的标志牌只是沧海一粟。而且在诺曼语入侵之前，这些动词中的大部分已经存在于古英语之中。相反，以西班牙语为母语的人在描述他们的感受之时，则几乎没有使用任何表达运动模式的动词。

所以说，尽管客观现实对于每个观察者来说都是相同的，正如它在任何情况下对于任何人都一视同仁那样，但不同的语言却并不会反映相同的经历，而是每一次都以不同的方式来呈现世界。这正是语言学家马蒂内〔A. Martinet，参见其《基础语言学问题》（*Éléments de linguistique générale*）一书，1960 年版，第 25 页〕对语言所下的定义："（语言是）促成人类经验按照不同族群以不同方式重组的一种沟通工具。"这也是本书第二章第一节所提到的洪堡特-萨丕尔-沃尔夫假说所持的立场。后者认为人类的各种语言对于客观现实所做的不同筛选导致了不同语言塑造不同思想的结果。每一门语言所选择的描述世界的方式并不随着人类自身经验的丰富以及对于宇宙认识的增进而改变，这一现象肯定了语言对于思想的影响力。在法语中，我们依然不停地说着"太阳下山"，或者"蝙蝠出没请注意*"这样的句子。但科学早已告诉我们，转动的其实是地球不是太阳，而蝙蝠作为会飞的翼手目哺乳动物也与老鼠没有亲缘关系。语言在思想上所留下的这一深刻印记恰恰是美国主导世界的局面所造成的主要后果。正如本书第二章所

---

* 法语中的"蝙蝠"一词直译为"秃头老鼠"。——译者注

述，该现象与英语的传播以及它对于其他语言所施加的压力息息相关。
而这一压力正是通过语言转移到了当今人们的思想之上。

为了能够更深入地评估英语带来的压力，我们可以试着去理解这
门语言和一门罗曼语言（如法语）在表现运动方面所存在的重大差异
会带来什么基本后果而与空间相关的另一领域，即量化和质化的时间
层面的表达，也值得研究。我们可以注意到英语中会说 sooner or later，
the Lesser Antilles，a better-class café，而法语则用 tôt ou tard（"迟
早"），les petites Antilles（"小安地列斯群岛"），un café bien fréquenté
（"一间红火的咖啡馆"）。换句话说，英语使用的是形容词和副词的比
较式，而法语则不是如此。在法语中，对这些词组所涵盖的现实并没
有做任何相对化的处理，即运用比较式，而是视其为一种独立的存在。
如果我们再来探究与之相邻的统称词汇领域，就会注意到，伴随着英
语精准的细节描绘的，是这门语言在统称词汇上的缺失。以"散步"
为例，在英语中，这一概念是通过其不同的模式来表现的：如 walk、
ride、drive、sail，这些词分别代表了步行（散步）、骑马或自行车
（散步）、开车（散步）以及划船（散步）。但英语中并不存在一个与
法语"promenade"（"散步"）对应的独立于具体模式的词。

5　现实层面与解读层面

以上所探讨的英语和法语之间的种种区别让我们觉得有必要找出
这两种语言在对待外部世界的态度上、因此也是它们的使用者在思想
模式上的深层差异。有些学者认为两者之间的根本区别在于英语注重
现实层面，而法语注重理解层面。比如《英法修辞学比较》一书的作
者文奈和达贝尔奈特。该著作虽然已经有些时日，但依然有参考价值。
它其中的一个目标读者群是专业翻译，因此也在他们当中颇具名声且

屡被借鉴。该书的两位作者花了很大篇幅用以论证他们看待英法两门
语言的对比式眼光，其中有一段谈的是"连接词"，也就是那些塑造
每个段落的起承转合、明确逻辑关系当中每个环节之间串联的词语。
他们如此写道（参见该书第222—223页）：

　　"法语，至少在文学、哲学、科学和法律用语中，钟爱
起承转合。它很难不在思想展开的过程中加以必要的说明。
相反，英语，哪怕在它的古典形式下，也很少借助于明确的
过渡，它更倾向于将句子以及语义成分进行叠加。因此，读
者需要自己来填补过渡上的空白。［……］将有起承转合的法
语译成英语，就意味着在很大程度上隐去连接词［……］。反
之，将英语译成法语则要求译者明确英语原文中所缺失的
过渡。"

　　可能是受希腊语和拉丁语模板的影响，法语散文比英语散文更具
口语化倾向。它大量地使用 et（"和"）、donc（"所以"）、cependant
（"然而"）这类连接词；也包括 ainsi que nous l'avons dit plus haut
（"正如上文所述"）这类回顾前文的连接词组；或者像 Passons mainte-
nant aux causes de ces événements（"现在来谈这些事件的原因"）这样
预告随后内容的过渡句。法语书面语甚至口语中常用的一个连接词是
en effet（"实际上"），它出现在先果后因的语境下，如在 il n'a pas
pu sortir; en effet, il était malade（"他没能出门；实际上，他病了"）
这样的句子中间；当句子后半部分肯定前半部分内容的时候，该连接
词也可能出现，例如 elle a promis qu'elle repasserait le linge, et en ef-
fet elle l'a repassé（"她答应说会熨衣服，实际上她也熨了"）。然而

反对单一语言

我们在英语辞典中却找不到对应"en effet"的词。"in fact"是一种逆向使用。因为它引出的是事实上所发生的事，或者真正应该理解的内容，也就是说，这个词组代表的是对于一个错误假设的更正，与陈述原因毫无关系。

法语中还有另一个非常有意思的词，似乎在英语中也找不到对应的翻译。该词在口头对话中使用频繁，而在书面文字里则相对少见，尤其是当书面文字逻辑特征明显或主题与逻辑相关时。它的特点是不属于逻辑关联词范畴，或者说它其实是一种以否定形式存在的逻辑关联词。实际上，它并不是连接两个从句的过渡词，而是引出平行论据或看法的一种工具。但它却能通过加入外在因素而增强整个论证过程。这是由它自身的结构决定的。这个词其实就是"d'ailleurs"（"值得一提的是"）。在以下这一典型例句中，d'ailleurs与两个逻辑连接词共存，这更好地烘托出了它将论据链打断一半的能力：

> "il a fini son travail et il pourrait donc aller au cinéma，mais aucun film ne l'intéresse；d'ailleurs，il est rare qu'il soit intéressé par un film ces temps-ci.（他下班了，因此可以去电影院，但没有一部电影让他感兴趣。值得一提的是，他最近这段时间极少对电影感兴趣。）"

尽管罗曼语族内的其他语言与法语在许多领域十分接近，但它们似乎也都没有一个确切对应"d'ailleurs"的词。可能只有巴西葡萄牙语是例外：该语言中"aliás"一词的某些用法与"d'ailleurs"类似。意大利语有"d'altronade"和"del resto"两个词，不过前者虽然和"d'ailleurs"结构相同，但明显更为文学化，而后者与法语中的"du reste"（"再说"）一样，和"d'ailleurs"所表达的内容不尽相同。西班牙语中存在"por otra parte"和"por lo demás"两个词组，但一个表示"此外"，另一个表示"而且"，这两种意思与"d'ailleurs"都有差异。德语中类似的词则更多：anderseits、ausserdem、überdies、übrigens、zudem，所有这些词几乎都指代"再者"。俄语有"vpročem"，也是"而且"之意。现代阿拉伯文学用语使用"fadlan βan ðalika"，似乎模仿法语或英语（"in addition to that"）而成，直译为"除此之外"。汉语普通话中有"此外"。日语中则有"sono ue"（字面意思为"在此之上"），可以译作"更有甚者"、"再者"。印地语提供了"ūpIr se"（字面意思为"在……上面"）。印尼语将"lagi"（"再一次"）和"pula"（"而且"）叠加组成了合成副词"lagipula"，后者的某些用法似乎可以替代"d'ailleurs"，但经不起仔细推敲。

考虑到读者的消化能力，姑且停止这一分析。但那是为了证明大家不太可能在字典里找到比笔者在此所概括的更多的信息了。相反，如果我们不查字典，而是在已有的文本当中寻找的话，却有可能找到更接近法语中这个奇怪的"d'ailleurs"的表达方式。笔者自己就是在没有刻意搜索的情况下，偶然在英语文章中碰到了一种口语中并不流行的表达方式。它在当时的语境下所指代的意思与"d'ailleurs"比较对应，或者说比上述不同语言中所出现的任何词都更接近法语原词。这种表达方式是"for that matter"，从注释型翻译角度可以理解为"既然说到这一点"，对笔者而言，这大概就是"d'ailleurs"的意思。然而，据笔者所知，这一词组却没有被收入字典。无论如何，作为一种设置悬念的表达方式，它在英语中的出现频率并不高于那些逻辑连接词。

反对单一语言

相比法语，英语对连接词以及句子与句子之间的过渡表现出不屑一顾，正如这种语言拥有不同于法语的展示具体现实多面性的习惯，以及那些精确描绘动作（如上文已经讨论过的空间运动）的词。无论在哪一种情况下，都存在着两种语言的对立：一边是以具象为先、重细节观察的英语；另一边是习惯在个案基础上进行概括，且讲究逻辑串联的法语。不管我们最后会不会像文奈和达贝尔奈特那样，认为英语围绕现实层面展开，法语围绕理解层面展开，我们所面对的都是两种相当疏远的看待世界的方式。

这种英语和法语对立的观点在不同的学者身上都有共鸣。比如在泰纳（Taine）那里，我们会读到以下这段话（引自文奈和达贝尔奈特的《英法修辞学比较》，1977 年版，第 59 页）：

"将一句英文翻译成法语，就等于用灰色铅笔临摹一张彩图。通过浓缩事物的诸多层面以及特征，法国精神成就了普遍观点，即简单的、按照一个简化了的顺序所排列的有逻辑的观点。"

图案与颜色这一比喻随后也被纪德（Gide）再次使用。文奈和达贝尔奈特援引了他的一句更为简要的话，摘自"关于语言的信"，刊登在了 1941 年 11 月的《法语美洲》（*Amérique française*）杂志上：

"我们的语言的天才之处在于重图案，轻颜色。"

今时今日，这一隐喻以及"法国精神"、"我们语言的天才之处"这两个有些过时的概念，可能都会成为笑谈。语言学专家也已经不再说类似的话。它们仅仅还存留在文化人或者教语言的老师的表达当中。但这些语句却准确地反映了法语和英语之间的差异。创造它们的两位作者深谙翻译的问题所在，因此，对于由语言符号所主导的人对于外在世界的划分和重组，以及随之产生的表现其复杂性的模式差异，他们也十分敏感。本章正是试图展示法语和英语之间的这些区别。我们应该能够理解，这并不是要对现状做出价值判断，也并不是要将英语和法语一分高下。那样几乎毫无意义，因为只要说话者不是"完美的双语人士"[这一概念值得从各方面讨论，参见海然热的《双语孩童》(*L'Enfant aux deux langues*) 一书，2005年版，第七章和第八章]，他的主要或者主导语言，即他最了解或者只了解的那种语言，就是最适于表达他的想法和感觉的。因为这是他从小学习自我表达和描述世界这一基本能力的工具。

英语与法语以及其他任何语言之间的差异是各文化之间所存在的丰富关联性的一个根本要素。通过这一关联，大范围地建立起了解读、划分和表述外部世界的标准。本章内容正是通过研究两种不同的语言而展现了这些差异。它们往往是深层次的；如果将讨论范围扩大，这些就可以被认为是存在于思想层面的差异。于是，前面第二、第三章所讨论的当下英语对其他语言所施加的巨大压力便也可以从思想角度进行分析。因此，我们也有理由不排除今天的世界有陷入应该被称为单一语言（思想）的危机的可能。本书的下一章将试图展现这种局面可能会对沟通这一基本的人类行为产生的影响。

第六章　语言与沟通

1　信息与沟通

今天，信息的剧增体现在了最细小的事件之中，甚至造成对事件的一种侵入，以至于人们可以扪心自问，这是否给沟通造成了部分负面的影响。因为告知信息和传递信息之间虽然存在着联系，但它们更应被视为两种不同的行为。与人们所想象的相反，技术的持续进步（尤其以当下这个卫星和网络时代为代表），以及与之并行的政治经济发展（事实上主要体现为西方民主世界里自由在权力面前所得到的尊重），完全与沟通上的进步无关。

我们无法认同今天社会和个体的沟通好于过去。失败的主要原因之一就是，从世界的一端到另一端，这一丰富信息的接收条件会经历巨大的变化。理由很简单，这些条件随着文化本身而改变：由于各种文化感兴趣的内容不尽相同，导致了信息的剧增非但没有简化沟通，反而让其变得愈发困难重重。因为信息（information）只通过讯息（message）进行流传，而沟通则要求考虑对这一讯息做出不同准备的那些接收者。我们之所以无法谈论沟通的真正进步，还有另一个原因，它与一个出现在许多其他领域的悖论息息相关，那就是：尽管科技的进步建立在人类大脑的创造之上，但这一进步的速度却大大超越了思

反对单一语言

想模式以及人类社会习惯的前进步伐。

如果将这个悖论应用于我们所要讨论的问题之上，那么，它的表现是社会群体变更沟通方式的速度跟不上它们更新沟通工具的速度。这一点在个体身上更为明显：考虑到很少有人能够在具备足够个性的基础上确立自己个人的沟通方式，并脱离他所属的群体进行纯粹简单的思考。换句话说，不同的文化会制造不同的沟通方式。如果要让技术和政治上的进步与沟通进步并行，那就得让信息接收者们真正接受这些主要由美国为首的富国所生产和传播的信息，且不在里面看到文化帝国主义的某些形式（参见本书第二章）。

这就意味着要打破文化距离，而不只是地理上的距离，即超越信息发布者与接收者之间在时空上的断层和极端差异（参见沃尔顿《另一种全球化》一书，2003 年版，第 18—19 页）。要实现这一目标，需要让信息强权受到必要性原则的抵消，从而建立起真正的沟通，并考虑到不同接收者所代表的不同文化。因为我们知道，确立信息强权的动机首先是经济层面的，也就是说是为那些（其实是那个）想要建立全球性信息传播帝国、甚至对信息进行垄断的国家增加财富。但迄今为止没有任何举措尝试往这一方向努力。

假设这样的局面有一天得以改变，那也仍需要控制沟通的快速化以及高频率化。不然，沟通上的"障碍"会持续减少，而正是因为有了这些"障碍"，多样性才得以保留，美国式的全球化所代表的同质化倾向才能得到遏制（参见本书第三章第一节和第三节）。

2 超越了简单沟通工具功能的语言：文化性语言和服务性语言

沟通工具是对于语言的一种流行定义。然而，如果一个人只出于这一目的而使用一种语言，即在一种不了解他人语言、没有其他选择的情境下使用，那么他就没有机会发现该语言内部反映的使用者的族群、社会以及文明归属的任何线索。由保障不同国家的人之间的沟通这一单纯功能所定义的语言是一种服务性语言，它不反映任何文化，因此也与文化性语言对立。所有那些受到纯实用主义语言思维影响、将文化性语言简化成沟通工具的人，都有意或者无意地忽视了服务性语言与文化性语言之间的区别［参见朱代·德拉孔布（Judet de la Combe）和维斯曼（Wismann）的《语言的未来：重新思考人文问题》（*L' Avenir des langues. Repenser les humanités*）一书，2004 年版］。如拉斯提耶［Rastier，参见其"语言是沟通工具吗？"（Les langues sont-elles des instruments de communication?）一文，刊登于 2007 年的《语言与认知》（*Grammaire et cognition*）杂志］强调的那样，我们正是由这一思维所支配着：

> 由欧洲议会确立的"欧洲语言参考标准"是今天许多国家（如墨西哥）的教学工具。我丝毫不怀疑它的教学优势；只是在这一标准里，我们无法找到文化性语言和服务性语言之间的不同。而当文化性语言被简化成服务性语言、以实用性作为其评判标准之时，它们也就变得等值，且可以相互替换。

这种局面造成的后果显而易见。当语言不具备沟通之外的其他功能之时，它就几乎不再需要有词形和句法。因为只要将每一个有具体含义的词并列使用即可，连它们的先后顺序都并不是非遵守不可；不再需要按照不同词语在句中的功能来确立它们之间的等级关系；不需要让它们进行可能存在的性数配合；也不需要按照语法类别将它们分为名词、动词、形容词、副词或者介词等等。换句话说，一门纯服务性的语言并不一定需要语法。然而，世界上所有的语言都建立在语法之上，正是各种语法之间无限的多样性决定了每一种语言的自身特质；也正是这些语言结构上的区别为文化之间的差异奠定了基础。这就意味着语法的存在以及它们之间的相互区别与每一种语言和语言所代表的每一个族群看待世界的不同方式息息相关。

在一种语言当中，语法所占的显著地位体现在它并不是一个简单的规则合集，而是由一些根本性的文化特征和因素所定义。而且，无论哪个说话者，如果我们问起他在生活中的各种情景下对于自己主要或者唯一掌握的那种语言是如何使用的，他必然会强调说，语言除了是他主要的沟通工具之外，也是一个允许他思考、为他提供表达观点、建议、计划、情感和情绪的必要元素的一个体系。而当我们请他在细节上描述他能够通过语言来完成的一切之时，他也必然会认同，除了作为沟通工具，语言更是一种看待和解读世界的方式。如果我们引导他再想一下语言所赋予他的好处，他还会意识到语言也是一种想象方式。

最后，他可能会说语言是一种做梦的方式。如果问话者在知道他是双语人士、但通过其中一种主要语言接受教育的情况下，请求他说出做梦时使用哪一种语言（假设这个问题能引出一个明确的答案），那么，他会更乐意说出这一点。梦境中的语言可以是他的主要语言，也可以是另一种。无论如何，不管他是否通过主导语言来做梦，语言作为思想、想象和梦境的载体这一功能在不否定沟通功能的同时，以绝对的姿态凌驾于沟通功能之上。

这就是为什么一门纯流通性的语言只能作沟通之用。因为它并不植根于知识、感觉、回忆、图像、梦境所构成的土壤之中，而这些才是一个说话者使用其主导语言的能力基础。这种土壤在流通性语言中缺失的原因并不难找：那就是流通性语言缺乏"素材"。而什么是"素材"呢？它是每个人在接受教育的过程中听到或者读到的句子、段落和文章的总和，它构成了说话者对于他最熟悉的那门语言的直接运用。"素材"可以包括谚语、习惯表达、引语（无论是文学作品引语还是朋友圈中口耳相传的字眼）、想法，以及一个社会或者一个家庭内部常见的种种基本判断。说话者对于母语知识的掌握不局限于语法和字典这些存在于任何语言中的会话能力合集所涵盖的内容。它同时也是对一门语言的"素材"的掌握。因此，我们可以认同拉斯提耶的以下论断（参见其"语言是沟通工具吗？"一文，刊登于 2007 年的《语言与认知》杂志，第 426 页）：

> 一门语言主要建立在"体系"（创作和解读文本的必要不充分条件）和"素材"（书面和口头文本）的二元对立之上。[……]由语言学家重组的"体系"是基于"素材"中所观察到的规律而建立起来的一种理性构想。

现在，我们能够理解为什么一门单纯的流通用语没有"素材"。因为它只作为沟通工具而存在，因此也就没有了文化内涵。它失去了语言的一种根本特征，那就是拥有植根于本土使用者共同文化之中的那些表达方式。基于这一原因，它无法像所有语言那样，通过类似于文学作品那样的语言模板来定义自己的身份。而我们知道，文学作品展示的不仅是书面语，还有那些出现在某一个特定族群的奠基神话和叙述中的口语。如果说，在"素材"里面，

反对单一语言

　　　文学作品占据了特殊位置，那是因为作为典范，它们的价值得以发扬光大。比如，我们可以说意大利语是但丁的语言，因为正是但丁这个历史典范主导了作为文化性语言（取代奥克西唐语）的意大利语的形成。推而广之，许多俗语、方言和谚语都出自以前的诗人、立法者和史学家（参见拉斯提耶"语言是沟通工具吗？"一文，刊登于2007年的《语言与认知》杂志，第426页，注释11）。

　　俗语为一种语言提供了丰富的"素材"，因此构成了滋养这种语言的肥沃土壤。有一个例子很好地诠释了俗语的这一重要性，那就是汉语中的"四字成语"。"四字成语"指的是那些由两两相对的四个单音节字构成的词组。它们无论是在书面语还是在口语中都十分流行，可表达与行为、特征、个性、事件等相对应的极其多样的含义。汉语中的大量成语都有文化背景，因为它们或出自古代典籍，或与历史、诗歌等领域紧密相关，是所有中国人文化常识的一部分，包括没受过什么教育的人。

　　例如，中国人说"守株待兔"，字面意义为"待在树下等兔子"，比喻"不知变通"。这个成语出自《韩非子》（公元前三世纪法家哲人韩非的作品）中的一个片段：讲的是一个人某天在树下找到了一只死兔子，从此一生待在树下，寄希望于其他兔子也撞树而亡。"望梅止渴"也是一个成语，字面意义为"看到梅树，止住口渴"，比喻"通过幻想来获取安慰"。它出自于《世说新语》（公元4世纪的历史著作）中的一篇文章：讲的是三国时期（公元190—317年），曹操成功地让口渴的士兵相信前方不远处有大片梅林，长满了酸甜多汁的梅子，从而使他们止渴的故事。我们还可以举"凤毛麟角"的例子，字面意义为"凤凰的毛，麒麟的角"，比喻"罕见的人或物"。组成这个成语的两个部分分别出自于公元 8 世纪的历史著作《南史》和《北史》〔参见萨邦（Saban）1978 年的博士论文手稿"现代汉语中的成语"（*Les Expressions quadrisyllabiques idiomatiques du chinois moderne*），第 95 页〕。"凤毛"的典故是一位皇帝表达对于一名文人的赏识，"麟角"则最初用来比喻在大量求学的人当中，只有极少数能最终成功。

正是由于类似汉语成语的表达在所有语言中都十分丰富，并为使用者提供了取之不尽的文学和历史"素材"，因此，一种只以沟通为目的的语言，一种没有"素材"、无法让接受者产生任何共鸣的语言，只能永远局限在最简单最技术的交流情境内使用。一门服务性语言无法拥有身份。这对于一切语言来说都是真理，包括英语这种在剔除了"素材"之后形式受到简化的语言。也正是出于这个原因，全球化所强加的那种英语形式遭到的最大抵制来自于英国人和美国人，这些反对者并不一定也并不总是过于敏感的语言纯洁派人士；确切地说，他们是一群致力于以"素材"为基础建立一套丰富的英语标准的学者。在他们眼中，今天肆虐于全球许多地方的"机场式英语"只是一个文化参照性缺失的混杂物，在剥夺语言的内涵方面相当有效。服务性英语的推广者们所想要实现的语言透明化恰恰违背了大量有文化内涵的词和俗语的特性。以英语为例，对于缺乏真正深刻的英语修养的外国人而言，这些词和俗语中的绝大多数都是晦涩难懂的。

比如"serendipity"一词，指代的是运气、巧合或者意外发现珍奇事物的才能。它由小说家霍勒斯·沃波尔（H. Walpole）在 1754 年根据波斯故事《西林迪普（斯里兰卡古称）三王子历险记》而创造，故事中的王子们就经历了不少奇遇。对于大部分使用服务性英语的人来说，这个词及其背后的文化内涵可能就是晦涩的了。俄语里面也有这样的例子，我们可以举一个同样由特殊名词转化而来的一般名词"oblomovšĉina"，意为"软弱，冷漠"。它出自于俄国小说家冈察洛夫（Gontcharov）的小说《奥波洛莫夫》的同名主人公的姓 Oblomov。在某些人眼里，这个人物代表了"俄国民族性格"的一种典型倾向。

但语言的晦涩性显然不仅与孤立的词语有关，它也出现在那些含有文化影射的句子中间。在 1956 年 9 月 2 日的《纽约时报》上，我们可以读到这句话："When laywers get together，［...］，they，like the walrus，consider it time to talk"（由文奈和达贝尔奈特所引，参见两人合著的《英法修辞学比较》一书，1977 年版，第 254 页）。如果我们不知道路易斯·卡罗（L. Carroll）的小说《爱丽丝镜中奇遇记》中的海象这一角色，我们就无法理解为什么在描述"两个律师一见面就觉得是时候讨论了"这一事实的时候要提到海象。另一个类似的例子是美语中的一个表达："keep up with the Jones"（"与琼斯一家保持一致"）。如果我们不知道"琼斯一家"代表美国的中产阶级（类似法国人中的"杜朗（Durant）一家或者杜邦（Dupont）一家"），那么我们就很难理解这一表达的意思。与"琼斯一家"保持一致是许多美国中产人士的迷思。他们竭尽所能，在必要时愿意作出牺牲，目的是为了不输给同事、邻居以及其他任何在社会地位、经济地位或者职位上刚得到晋升，通过更换私家车或者其他手段来炫耀的人。哪怕上述这种表达方式所反映的人与人之间的关系可以被欧洲人或者其他非美国文化环境下生活的人所理解，但对于不太了解美式英语的外国人来说，这种表达本身依然是晦涩的。

因此，由一种只以流通为目的的语言所确立的沟通方式，无法真正联系起它想要服务的人群。因为语言是定义身份的一个根本要素，而一门单纯的流通用语却切断了语言与身份之间的联系。世界上有许多民族和国家都是通过捍卫自己的语言来赢得独立的，因为无论在文化上还是政治上，语言都被认为是定义它们的奠基性因素。正是在这些国家的历史进程中，语言与身份的这种联系变得越来越紧密［参见海然热"人类改造语言的道路与前途"（Voies et destins de l'action humaine sur les langues）一文，收录在 1983 年版的《语言改革：理论与未来》一书中］。在美国，它的受重视程度远不及欧洲。这个国家对于文化的理解就很明显地体现了这一点。在美国，文化的立足点在于产业，因此出现了"文化产业"这样的名词。文化等同于其他产业，这成为了美国式文化的特色。不同的是这一产业庞大的规模和预算：在美国所有的出口行业中，文化出口所带来的经济效益是最高的。

于是，强迫别国开放关税壁垒、降低出口文化产品成本，对于美国来说变得至关重要。在这一点上，美国已经可以称得上是予取予求。然而，它还没能让它的伙伴们、尤其是欧洲人接受它对于文化的立场：即出版、媒体、电视、电影等等这些行业与其他任何经济领域没有区别。这场捍卫文化特殊性的斗争始于 20 世纪 80 年代在《关税与贸易总协定》框架下的斡旋。今天，美国和欧洲（尤其是法国）依然在斗争中处于对立。这种斗争的意义是决定性的：这涉及到文化的独立性和特殊地位；正因为如此，它也涉及那些受到单一服务性语言碾压、但依然坚决反对语言同质化的文化性语言的命运。换句话说，它关涉语言多样性这一人类社会的特色，而这一特色却被通过一种国际通用语言实现沟通的理念所否认。

3　沟通、翻译、语言的多样性

那些支持将英语定为欧盟唯一交流用语的人往往以翻译成本作为论据。他们基本无视艾柯（U. Eco）的那句名言："欧洲的语言，就是翻译。"这句话含蓄地指向以下这一事实：即对于欧洲的各大主要语言来说（西欧和北欧的罗曼和日耳曼语族；中欧、南欧和东欧的波罗的-斯拉夫语族、希腊语、阿尔巴尼亚语；如果将高加索地区视为文化意义上的欧洲的话，那么还有亚美尼亚语、印欧语系），不管我们追溯到它们的哪个历史时期，翻译都一直是一项奠基性的活动；这始于从拉丁语或者希腊语翻译圣经。翻译不仅伴随了欧洲人的基督教化进程，还创造了一系列书写标准；因此它在所有这些语言的形成过程中都扮演了主要角色。翻译几乎和这个世界一样古老，因为但凡有两个不同族群相遇，翻译——无论是早期的经验式翻译，还是后来的科学化翻译——便成为了必需。它让语言之间的各种差异凸显出来，甚至通过相应的处理来强化它们，毕竟翻译的存在本身就意味着这些差异的存在。因此，翻译就成为了能从最深层次定义沟通理念的一项人类活动：它致力于在把握最细微差别的基础上准确还原原始文本的内容。

这就是为什么翻译的作用远不止提供便利。它是一项具有创造力的活动。提升翻译的价值、认识它的重要性，并对其进行推广，就等于认可了每一种语言根本性的文化内涵，就等于认可了一切语言都包含一种哲学意义上的世界观，包含一个想象空间，甚至包含了一些印刻在它的语法、词法和句法里面的诸多理想模式。至于布鲁塞尔的那些领导人，与其哀叹翻译所带来的成本（参见海然热《为法语抗争：以语言和文化多样性之名》一书，2006 年版，第 76—83 页），不如思考一下语言多样性给欧洲带来的财富，思考一下如何通过采取一项立足长远、财政支持充沛的翻译政策来撑起这笔财富。

以通过单一流通语言来"简化"沟通为借口，一场同质化运动正试图压垮各种不同的文化；认识到语言之间的差异，正是对这种同质化倾向的挑战。而没有什么比翻译更能展现这些差异了。当然，我们不可能将这些差异从细节上展开（如要了解对于这些差异的具体研究，参见海然热的《语言人》一书，1985年版，第三章），而只需要提几个语法领域即可。（由于语音体系与翻译的直接关系不大，在此就不作讨论。尽管不同语言在音节体系、韵律和声调上的差异往往会影响句子结构，甚至语义内容的组织，并由此造成适应上的困难。）各语言的语法中真正共通的似乎只有名词和动词的类别区分，不过区分的程度因语言而不同：比如，与印欧语系大家庭中的那些语言相比，东南亚语言对于这两类词语的区分就不那么明显。

除了名词和动词，没有哪一个类别是放之四海而皆准的。仅仅出于这一点，语言之间的差异也足以造成显著的语言多样性了。这也是为什么在翻译过程中，我们要最大限度地重视这一问题。许多语言不包含形容词，它们通过静态意义的动词（例如"是大的"）或者名词（例如"一个美女"）来描绘品质、大小等等。还有许多语言没有副词，它们通过动词（例如"做的程度高" ＝ "非常"）或者由前置词、后置词支配的名词来表述地点、时间、方式、数量等等。在某些语言中（如后置词居多的巴斯克语、前置词居多的印尼语；或者两者兼备的芬兰语和爱沙尼亚语，以及乌拉尔语系中的其他波罗的-芬兰语种），前置词和后置词相当丰富；但在另一些语言中，它们则几乎绝迹：如帕劳语（密克罗尼西亚群岛），这种语言只有一个前置词，可在不同语境下使用，意思也各不相同［参见海然热《独特的帕劳语》（*La Langue palau*, *une curiosité typologique*），1986年版］。

此外，许多语言有类别之分（如汉语、藏语、班图语、美洲印第安语、波利尼西亚语、新几内亚语、澳洲土语等），按照大小、用法、生物或者非生物属性等不同参数，名词被分配到不同的类别之中。比

反对单一语言

如在汉语普通话当中，人和书，或者树，就不能使用同样的分类词（即量词）；而且，这三个名词中的任何一个都不能脱离分类词而单独使用。然而，当我们将其翻译成一种不含量词的语言之时，就完全无法再现这种将世界分为生物和非生物两大类的组织方式。因此，我们必须找到一个方法，让读者察觉到这种植根于源语言和目标语言之间差异的另类世界观，它是人类语言遗产的丰富性和文化多样性的基本要素之一。这种丰富性和多样性所跨越的历史进程和它们所代表的民族一样变化多端。它们显然与单一语言的构想完全对立。其次，主有式的表达也是区分语言的一个重要领域：所有者与被占有物可以通过大量不同的参数来进行设计和表述。而颜色类词汇、亲缘关系词汇、身体部位词汇、计数系统等领域也都能用来区分语言。

　　词汇当中的某些特殊区域反映了语言之间的重大差异。我们可以举一个非常重要的概念为例。说它重要，是因为它决定了我们评价自己生活以及与他人关系的方式。这个概念就是"幸福"。各门语言对于这一基本概念的不同表述清晰地展现了不同语义空间之间究竟有着多大程度上的差异，展现了通过一种肤浅的服务性语言让沟通更加便利的想法是多么不切实际。亚里士多德区分"eutukhía"（指财富带来的幸福）和"eudaimonía"（指由神所赋予的道德意义上的终极幸福）。直到 18 世纪，英语中的形容词"happy"和名词"happiness"，除了词性不同之外，还具有相同的意思：二者都指代一种接近于"eudaimonía"的幸福。而在现代英语当中，尽管"happiness"一词仍可用于表达一种罕见的幸福状态，但它依然与派生它的形容词一样，经历了语义上的变化。而正是由于这一变化，"happy"的意思被彻底弱化，几乎无法再被用来形容"幸福感"。

　　这种语义弱化现象在程度上的区别（"happiness"弱化较小，而

"happy"弱化极大）出乎我们意料，它告诉我们：在语言的演化过程中，词语的使用环境和词义本身的命运会导致一个由形容词派生的名词不再具有与母词一样的意思。以下一些英语句子体现了"happy"一词的语义弱化：

I'll be quite happy to do it.（我很乐意做这件事。）

I'm happy here reading.（我在这儿阅读很愉快。）

I'm not happy about leaving him alone.（我不乐意留下他一个人。）

Are you happy with it?（这下你高兴了吗？）

如果说法语中的"heureux"（"幸福的"）还可以用来表达上述第一句和最后一句中"happy"的意思的话，那么，在有些语言当中，表示"幸福"的那个词则完全无法用来替代上述任何一句中的"happy"。比如印尼语中的"berbahagia"，该词所传递的情感就非常强烈。还有现代西部亚美尼亚语中的形容词"yeršanik"，包括由它派生的名词"yeršankuthyun"（"幸福"），都只能用来表达一种极致的幸福感（相当于英语中的"bliss"，但由于语义过于强烈，该词很少使用），也就是由某种所期望的境遇的实现所引发的一种深刻持久的惬意状态。这种境遇可以是坠入爱河、感受亲情，或者找到生活的意义，对于信徒来说，它甚至可能是一种与得到上帝恩赐相媲美的喜悦，也就是希腊神话中所说的"eudaimonía"这一概念。在英语中，类似"woes"、"sorrows"、"griefs"这样的词表达的是由一场悲剧的发生（例如所爱之人的离世）所导致的状态；而现代英语，包括它所反映的那种心理状态，似乎想要驱除由这些词所诱发的负面情绪。因此，它们在今天的使用频率远不如过去。至于"happy"一词，则不再用来指代一种罕见的非常规状态，而是表达一种完全常态下的感受，如上述四个句子所体现的那样。这就解释了为什么它成为英语中所有记录情感的形容词里面最常出现的那一个（参见海然热的《为法语抗争：以语言和文化多样性之名》一书，2006 年版）。柯林斯-伯明翰大学国际语料库（COBUILD）的当代英语数据库甚至显示"happy"的使用率是"sad"（"悲伤"）的三倍，是亚美尼亚语形容词"yeršanik"的五倍[参见叶吉亚扎里安（Yeghiazarian）"跨语言跨文化角度下的幸福"（Happiness in cross-linguistic and cross-cultural perspective）一文，出版于 2011 年]。

因此，以我们在翻译过程中试图保留下来的不同语言对于幸福的不同理解为例，可以看到：文化之间的沟通一旦超越了最基础的范畴，就必然遭遇文化本身所设置的各种障碍。英美文化通过实验性的词汇将"happy"（"幸福"）的状态解读为一种常规的愉悦感受，人们可以将这种愉悦值和满足感从量和质上进行测定。而亚美尼亚语形容词"yeršanik"则表达一种远离常规的状态，它几乎等同于一种美德，与爱情、信仰或者希望相连。它完全不是一种普通情绪，而是一种基本的存在范畴，往往无法企及。这就是文化以及语言多样性所产生的财富。

翻译所要面对的另外两个体现语言之间最大差异的领域，一是表达现代世界各种概念的词语，它们往往比较复杂，以复合形式出现，二是惯用语。这两类构造的形成反映了每一种语言自身的精妙以及使用者的视角，正是这些使用者在漫长的历史中创造了这些表达方式。这里需要指出的是，在一些专业语言学家内部，依然盛行着一种错觉：他们认为，既然语言的使用者出生时在家庭中学语言，随后又在社会和学校学语言，他们与语言的关系就是被动的接受关系，因此语言是一个充满限制的、排除一切创举的空间；而事实恰恰相反，在许多方面，尤其是词汇领域，我们可以观察到说话者的一种有意识的介入［参见海然热《语言的缔造者》（*The Language Builder*）一书，1993 年版］。

因此，我们可以看到，在俄语中，表达"殷勤好客"用的是"xlebosol'stvo"，可以直译为"给予面包和盐"。在刚果民主共和国所使用的法语中，"开罐器"用"ziboulateur"：该词可拆成林加拉语中的"zib"（"关闭"）加上"ul"这一表达反转的后缀，形成与原动词意思相反的词；再加上"ateur"这个表示动因或者工具的法语后缀。在巴西和秘鲁边境使用的卡辛纳瓦语（cachinaua，属于美洲印第安语中的帕诺语系）中，巴西那边的人将"胸罩"称为"胸前的金属"，而秘鲁那边的人则说"满胸"，因为后者不愿用到金属这一概念，尽管这个地区的很多族群都用金属来指代白人制造的器具。在有些语言当中，我们甚至能找到一些复合词，表达的是西方人眼中一些显而易见、使用频率很高，因此应该使用无法拆分的简单词来表达的概念。

比如在隶属于爱斯基摩语系的因纽特语中，"母亲"用"anni-pi-k"（"出生地"）来表达，"牙齿"被说成"niqqi-q"（"喂食的"），"脚"则是"tummat"（"留下步子痕迹的"），它让我们想到马达加斯加东部和南部方言中表达"脚"的那个词："fanitsake"（"用来行走的"）。在爱斯基摩语系的另一种语言阿拉斯加中部的尤皮克语中，"阴茎"被表述成"阴道的内容物"……在肖松尼语（属于犹他-阿兹特克语系下努米克分支，今天仍在从内华达州西南部到怀俄明州西南部的地区使用）中，"提出论据"用"ni（k）-kumpa"表示，直译为

"用嗓门行凶"。在许多澳洲的土语中，视觉被认为不如听觉那么富有智慧，因此，"眼睛"一词也用来表达性侵犯或者欲望，而表达"耳朵"的那个词则与一些与智能相关的动词有着同样的词根，比如"理解"、"思考"、"想象"、"忘却"等等。

　　这样的例子还有很多，但哪怕只凭以上所举的那些，也足以证明说话者的创造力，以及这种创造力在不同语言当中所产生的影响。因此，可以想象的是：一旦我们采用一种所谓的通用语来逐步替代各民族自身的语言，将会造成巨大的文化上的损失。毕竟通用语最初的目的只是帮助两个不同国家的人解决沟通障碍。同样的道理也适用于惯用语这个庞大的领域，我们可以简单地举一些例子。法语中有"remuer ciel et terre"（字面解释为"翻动天地"，喻指"用尽一切办法"）和"être au four et au moulin"（字面解释为"既在烤箱又在磨坊"，喻指"身兼数职"）的说法；而在西班牙语中，对应的表达则是"remover Roma con Santiago"（字面解释为"翻动罗马和圣地亚哥-德孔伯斯特拉"）和"estar en misa u repicando"（字面解释为"在做弥撒或在敲钟"），很明显，两者带有法语中所不存在的宗教内涵。再比如说葡萄牙语中说"pagar as favas"（字面解释为"付蚕豆的钱"），而法语则说"付打碎的罐子钱"（喻指"承担后果"）。当然，这并不意味着法语的惯用语与食物无关，只是所涉及的种类可能与其他语言不同。比如德语中有"das ist nicht mein Bier"（"这不是我的啤酒"）的说法，而法语则说"ce ne sont pas mes oignons"（"这不是我的洋葱"，喻指"与我无关"）。在表达精神病的时候，法语和荷兰语也有所不同：法语会说某人"天花板上有一只蜘蛛"表示此人疯了；而荷兰语则说这个人"een klap van de molen gehad heeft"（"被磨给撞了"），地方文化特色的影响可见一斑。俄语中也有这种俗语表达：比如"vynosit' sor iz izby", 字面解释为"从枞木屋中清除垃圾", 喻指"说人闲话"。此外, 还有"razbivat'sja v lepjošku", 字面解释为"变成饼", 喻指"付出极大努力帮助人"; 法语中对应的却是"se mettre en quatre pour rendre service", 字面解释为"变成四个人来帮忙"。

以上的这些例子向我们展示了每一种语言都有自己的语义空间, 都是一些独特观念的集合。这一多样性是人类可贵的财富。确立"世界性通用语"这个自负又蛮横的计划将会在长远意义上消磨掉语言之间的各种差异; 如果没有生物多样性在自然界的主导的话, 这个计划将摧毁塑造人性的种种文化。但自然的伟力也需要人类主观能动性的支持。因此, 我们有必要坚决对抗这样的计划。

第七章　应对挑战

1　明里暗里的冲突

我们在前文（第二章第一节）中已经看到，在美国的众多指挥部门强势主导世界的年代，它们曾发起过一场被它们自己赋予了某些战争色彩的运动。对此，加勒普（G. Gallup）有过这样的描述（参见《美国外交政策读本》一书，1981 年版）：

> "领导一场意识形态战争所应当遵循的最好最可靠的原
> 则，就是把它当成真刀真枪的战争。"

我们知道，电子、信息和沟通技术以及远程空间科技（如卫星）的爆炸式进步，为传播手段的强化创造了可能。有意思的是，这些技术起初都被用来满足美国军队的物资运输需要；从更广义的角度来看，则是美国的军工业情结使然。

文化行动背后所隐藏的军事意识形态就这样凸显了出来。这场文化行动也被称为"另一场战争"，即一场打着人道主义旗号的以人为征服对象的战争。曾被里根总统任命为美国国际交流署（USICA，参见第二章第一节）署长的维克（M. Wick）对这一意识形态有过以下的表述:"我们打响了一场指向人的精神世界的战争"(此话被厄德引用在《人的征服》一书中,1982 版,第 68—71 页,第 77 页)。在法国,大部分普通公民意识不到这场战争的存在。然而,在国家最高领导人那里,却完全是另外一种情况:从密特朗到萨科齐,他们对于这种战争局面或感到恐惧,或极力将其弱化。有些学者,如哈布洛(C. Harbulot)等人,称之为"信息战争"或者"认知战争",它建立在"对于符号和知识的操纵和扭曲基础上,针对所有民众,尤其针对民众的受教育渠道"(参见 2002 年由哈布洛参与主持的"第六届法国航空航天组织竞争情报论坛")。当对手不再相信自己的符号体系的价值,怀疑自己描述世界的方式,那么这场带有军事隐喻的文化行动就取得了彻底的成功。在这种状态下,人开始觉得自己低等从而变得极易依附他人。我们甚至可以讨论有没有主动使其依附的必要,因为他是本能地接受了这一低等定位的,或者说他在被主导的状况下依然将自己等同于那些主导他的人。

这类依附关系已经存在了很久。早在 16 世纪,德拉波埃希(E. de La Boétie,蒙田的挚友,才华横溢却英年早逝)就通过其遗作的标题《自愿奴役论》(*Discours de la servitude volontaire*)(1574 年版)来强调这一点。400 年前的他,在书中探究的是为什么:

> "如此多的人,如此多的乡镇,如此多的城市,如此多的国家都会偶尔忍受一个暴君的存在。难道不是他们赋予了暴君所有的权势吗?难道不是他们的甘于忍受提供了暴君迫害他们的能力吗?如果不是他们倾向于忍受而非反抗,暴君还能对他们造成任何伤害吗?"

德拉波埃希的文字所蕴含的令人痛心的现代意义和永恒性在 20 世纪得到了回响，由于观察到在印度的英国殖民者（远早于美国人）懂得了认知的力量，思想家甘地揭露：以英语授课的中等、高等教育院校只是培养顺民的机构。他疾呼：

> "向数百万人传授英语，无异于将他们全部奴役。"

这段话发表于 1908 年，也就是这位印度民族英雄为了让印地语变成印度官方语言作出最激烈抗争的时候。那时的甘地无法预计到印度当局在独立之后，非但没有像尼赫鲁几十年之后所期待的那样推广印地语，反而准备选择英语这一殖民者的语言作为宪法用语！此外，鉴于英语教育以及借助英语教育所实现的意识形态渗透针对的是一群付费的对象，我们可以认为，在这一情况下，包括历史上其他同类情况下，被征服者总是为自己的奴役埋单。

当下世界所面对的是美国化机制的最新化身，即一个带有欺骗性的全球化概念（参见本书第三章）。在这一挑战面前，我们不禁要问，为什么法语比任何其他语言更应担负起维系世界语言和文化多样性的责任。我们不妨先来读一下这段将法国文化和语言称为标靶的文字：

> "罗马帝国实行物质控制。华尔街实行精神控制。美利坚帝国热衷于控制人。而法国已经无法在他自己的信息和敌人传播的信息之间做出区分。如果我们害怕文字，如果我们看不到自己正处于战争逻辑当中，那么我们甚至都不能勾勒出一套防御策略。这就犹如艾滋病病毒，它骗过你的免疫系统，混淆真假和敌友，混淆自己和他人，最终摧毁目标对象。

> 掌握敌人的表达系统，就等于无限量地让敌人看到并听到我
> 们自己的信号，让敌人在面对自身之时反而变得又聋又哑。
> 如果有人掌握了大脑的全部信息，他就能随心所欲地控制一
> 个人。"［参见尤宾斯基（Upinsky）的《雪鹀症候群》（*Le
> Syndrome de l'ortolan*）一书，1997 年版］

诚然，现今法国政府的亲美表现与 1958 年至 1968 年间戴高乐实行的强调文化身份的政策背道而驰；而另一方面，美国所施加的压力也处于衰退当中（参见本书第二章第三节）。这两个现实所造成的结果是一致的：那就是今天将法国称为标靶的理由已经不那么充分了。但这指的只是官方意义上的法国。事实上，哪怕法国的民众已经沦为美国文化的玩偶，在他们当中以及在文化人内部，依然存在着某种强调民族身份的态度，被称为反美主义。

既然尤宾斯基在上文中提到的战争是一场关于表达的战争，而战事又发生在语言之上，那么我们就必须明白：夺回并且掌握表达体系是这场战争的一个重要武器。要实现这一点，很重要的一条就是回归民族文学，回归它所蕴含的一切对于身份的肯定，这意味着对充斥欧洲的外国"信息"公报说不。同样的办法也适用于其他所有语言和文化。而对于一些美国学者而言，依据艾田蒲（Étiemble）在其曾经领导的反对"英式法语"的运动中给出的建议［参见其《你说法语吗？》（*Parlez-vous français?*）一书，以及海然热 1987 年出版的《法语与诸世纪》一书第四章］而提出的使用纯正法语词汇的诉求，则反映了一种"排斥多语化、排斥多文化的保守主义意识形态"。这正是卡亨（H. Kahane）的原话（参见卡亨"美式英语：从殖民时代的次等品到声名显赫的语言"一文第 217 页，收录在 1992 年版的《另一种语言：

跨文化的英语》一书中）。

近期流行的一种意识形态赋予了美国的主导行为一种更微妙的内容。那就是所谓的"软实力"。面对新世纪伊始的恐怖主义威胁，美国比它的盟友们更想将它的影响力不仅建立在单纯的武力（"硬实力"）之上，而且建立在诱惑或者软硬结合的"巧实力"之上，尤其是在阿富汗和伊拉克这些战争没有取得决定性成果的国家。这种推崇"软实力"的意识形态的主要代表人物是小约瑟夫·奈（J. S. Nye Jr），他曾经写道［参见其《软实力：政治世界的成功之道》（*Soft Power. The means to sucess in World Politics*），2005 年版，第 44 页］：

> "什么是软实力？就是通过吸引力而非强制力或者金钱来达成目的的能力。它源于文化以及政治理念所产生的魅力，取决于自身对于政治的掌控。很久以来，美国拥有着许多"软实力"。想想铁幕之外听着美国音乐和自由欧洲电台节目的年轻人，［……］想想今天偷偷观看被查禁的美国视频的伊朗年轻人。［……］当你能够引导其他人来仰慕你的理念，来追求你所追求的东西，那么，你就不需要在政治上使用胡萝卜和大棒来让他们按你指定的方向前行。诱惑永远比强制更有效。而许多价值，例如民主、人权和实现个人成就等都具有深深的吸引力。"

假设美式的民主构想是一种以全球为己任的价值观（参见本书第七章第三节），假设它适用于建立在其他价值观基础上的美国之外的文化，那么，在当代世界，尤其是最近十年，这种构想的其中一个主导形式就是新自由主义。我们不禁要问：新自由主义是否完全兼容于一个源自人民的政权，且满足于它的种种理念。而这恰恰才是民主这个词的本来意义。

2 行动之路：揭露法国的单一思想，以一种强大而多元的思想取而代之

新自由主义的单一思想的独裁统治并非单独存在。因为在欧洲，尤其是法国，它找到了一片便于它大肆入侵的土壤。

在今天的法国，单一思想对于人的生活和精神状态所施加的压力表现在许多方面，不难察觉。比如理念平庸，行为趋同，对现实的解读千篇一律，对一切开始失去好感，对于质疑习惯和既定秩序的行为表示反感，抵制那些能激起对新价值的追求的运动，并伴随着破坏性的行为。以上提到的这些方面本身也蕴含着对于破解单一思想的必要手段的提示。如果说单一思想造成的恶果堆成了一个金字塔，那么位于塔尖的就是一些重要区分能力的退化：比如对于主次、优劣、雅俗的区分。对于模仿的狂热也是恶果之一，媒体的表现就是明证。布鲁希尼（H. Brusini）2011年出版的新书的标题强调了这一问题：《"与原件相符"：为什么媒体总是众口一词？》（*Copie conforme*，*Pourquoi les médias disent tous la même chose?*）。

实现一种多元思想，让法国人重新清晰地认识到自己在世界上的地位以及在人类前途中所扮演的角色——做到这两点的唯一基础就是意识到现实中存在着这些毫无建设意义的因素的集合。为了促进这种意识的形成以及随之而来的行为方式的建立，最稳妥的手段之一，就是在家庭内部和学校里、在政府的官方引导下提高阅读的地位。因为这项基础活动撑起了自由精神的建构，能够有效地抵御单一思想的反复冲击。

在每个国家，自身文化的贬值都作为恶果验证着一场旨在通过抹杀文化特殊性来确立霸权的战争的胜利。正是出于这一点，在美国文化面前重塑各种文化的自我价值才是根本的解决之道。在许多法国人身上存在着一种无意识，或者说一种让人哭笑不得的愚蠢，它清晰地体现在"ringard"（"过时的"）这个词的使用上；在许多领域，它被用来形容一切法式的和传统的东西。但使用者所不知道的是，这种通过贬低自身文化换来"现代化"（即"美国化"）假象的行为，最终埋葬的是他们的文化个性。所幸法国还有一些人，尤其是移民们，依然认为法国的公民身份是有着独特定义的。他们非但不会贬低它，反而会对其做出过高的评价，因为这一身份的价值与他们为之付出的努力成正比。为了得到法国公民身份，他们需要进行抗争，尤其是对抗某些形式的种族主义排外情绪。而与此同时，许多生来就具有法国公民身份的人却只想着否定它，认为它不仅过时而且背离了受到追捧的那些被打上美国烙印的价值。

迪朗曾在他的书中提到一个很具代表性的例子（参见迪朗的《20世纪的一个常规殖民地》一书，2010 年版，第 121 页，注释 76），那是荣获 2009 年金棕榈奖的电影《高中课堂》（*Entre les murs*）中的一场戏。在这场戏中，当老师说出"吃着一个美味汉堡的比尔"这句话的时候，引起了一个北非裔女生的惊讶和不满。这位女生向老师指出，他频繁地使用一些脱离了大部分学生生活环境的人名和"文化"符号。而如果没有这次提醒，教师本人完全没有这个意识。因为使用"比尔"和"汉堡"这样的字眼对他而言十分自然。由于美国符号和词语的大肆入侵所导致的近乎巴甫洛夫式的反应是如此的真实。这种入侵远远不同于文艺复兴之后，法国、意大利和德国等国的科学家和哲学家本能地从古典希腊语中寻找词语以创造各自语言中的科技用词，

反对单一语言

因为它并不是出于让语言丰富或者精确的需要。它不再是一种主动的、回应了某种需求的词语外借现象；而是体现了各国人民在某些话语模板面前表现出来的一种温驯的、无意识的屈从。媒体是这一现象的始作俑者：它被支撑起这些话语模式的意识形态所主导，进而通过一种巨大的、日常性的压力毫无节制地侵扰各国人民。

这就是为什么20世纪80年代以来广播和电视的解放未必一定有利于法国的语言和文化。我们需要的是在以下两者之间找到平衡：一方面，以民主之名，我们有很好的理由反对政治力量对于信息的专横操控；另一方面，我们也有必要通过官方途径来推广法语文化的个性，因为它本身是对世界上一切使用法语的地区的一种定义，也因此成为了世界多样性的一分子。但仅仅找到平衡还不够，我们还需要努力结束一种丑陋的局面：那就是用以弘扬法语的财政拨款的大幅削减。

文化部给予的预算如此微薄，如果说这不是一种羞辱，那就称得上是一个笑话了。众所周知，法语联盟（Alliance française）在全球不同国家推广法语，其重要性不言而喻。然而，这个机构所得到的政府补助却无法继续与需求持平。它的驻外公务员职位构成了弘扬法语的基本要素，尤其是那些在各国的法国大使馆内部负责文化事务的人。但与传播德语、西班牙语、葡萄牙语、汉语的人数相比，法语联盟的海外职位少得可怜。同样令人震惊的是，如果与美国提供给日本、德国、意大利和拉美各国留学生的奖学金数量相比，提供给外国人赴法学习的奖学金简直不值一提，尽管近期这方面已经有所进步。

法语区国家，即法语所承载的与世界休戚与共的一种特殊文化，在一个多样化的世界中占据了怎样的份额呢？抛开魁北克、瑞士法语区、比利时的瓦罗尼（Wallonie，该国的法语地区）和布鲁塞尔、卢森堡这些虽然也说法语但有着各自独特文化的地区不谈，仅就法国和法国人而言，我们大概可以罗列出以下特征：源远流长的文学；巴黎的极致美景；遍布全世界的无数艺术珍品；族群的多样性——尽管实现了政治统一的王权和共和体制均试图破坏它，但依旧无法抹杀这个国家风俗和思维模式的多样性；由一些名垂青史的人物所撑起的基督教文明，而这一文明又通过法国教会自主化运动在罗马教会面前保持相对的独立。

还应该提及以下这些事情：世界知名的重量级企业，其中一些更是各自领域的领头人，它们和许多中小型企业一起展现了法国几个世纪以来工艺的积淀和对于品质的追求（有时可能步入了乏味的完美主义的歧途）；对于人权的关注——《人权宣言》最初就由法语写就，当然，不管用哪种语言书写的人权都有可能受到侵犯；建立在和谐基础上的生活艺术——它既是风景的和谐，也是人在风景之中所描绘之物的对称和平衡；着衣风格上对于优雅的推崇，即由此出现的高级定制；享誉世界的美食（其中最值得一提的当然是那些知名的葡萄酒和奶酪）；某种能够打破法国人对于未知的恐惧的挑战精神。这一挑战可以有不同的形式。托克维尔（Tocqueville）曾写道［参见《旧制度与大革命》（*L'Ancien Régime et la Révolution*），1856 年版，第 34 页］：

> "当我们对其采取放任态度的时候，［法国人是］所有人当中最封闭、最墨守成规的。但只要将他们从家中拉出来，从习惯中解脱出来，那么，他们就会尽一切努力，做一切尝试。"

法国特质也包括了对于他人评价的恐惧和由此而产生的某种对于成功的敌意。同时，我们还会发现法国人一方面具有荣誉感，或者说

反对单一语言

英雄主义情结，另一方面却又有着一种尖锐的批判精神，或者说爱嘲讽的倾向；这两者之间存在一种时而微妙、时而突兀的结合。这些特质的负面影响不可不说：比如个人主义、有限的责任感、对于团队的怀疑、纪律的缺乏、备受外国人指责的高傲，而习惯性的感情用事更是加剧了这种高傲。法国人对于无理取闹、争吵、不和以及针锋相对有着偏好（公元前 1 世纪，恺撒大帝在提到高卢人时就已经指出这些偏好），最终白白浪费了时间和精力。这种特征与理性崇拜之间产生了惊人的矛盾，而很长时间以来，正是极致的理性催生出了法国那些顶尖的数学家和学者。当然，理性并不排除不满情绪的出现；它还会带来不断的自我批评，只是在公共空间里没有人对这种自我批评本身进行反思；最后，周期性的抑郁倾向也是理性的副作用。

我们在此仅举一个例子来证明一种无视怀疑、拒绝妄自菲薄的坚定态度究竟能给法语带来什么样的声望。2013 年 2 月，联合国安理会的法国代表明确表达了法国不赞同美国的对伊政策。此后的几个星期内，世界上许多国家的法语联盟都收到了大批注册法语课程的申请（参见迪朗的《20 世纪的一个常规殖民地》一书，2010 年版，第 23 页）。

在对待美国的态度上，对于法国比较有利的做法似乎是吸取美国文明中一些可能产生积极效应的特质。比如反对墨守成规，反对追求安逸，有冒险精神，做事目的明确、果断、毫无保留，对于未来有细致规划，崇尚一切革新，尊重成功，积极地、不带恶意攻击地指出他人弱点，但又不狂热追捧批判精神，坚信（偶尔有些天真）自己所从事事业的价值，有责任感，能控制个人主义倾向。与法国人热衷于钻法律空子不同，美国人相信法制是民主的基石，崇尚国家利益。而国家利益在某种法国的传统中却是受到讥笑的，这源于一种对抗双重压

力的冲动情绪：一重在法国人的集体无意识层面，与长年的封建体制
和君主体制（从公元9世纪到18世纪）有关；另一重在个人层面，与
家庭的分量有关，与来自家庭内部的束缚压抑了自我实现的愿望有关。

　　反过来说，法国的例子尽管很容易受到批判，也经常受到批判，
但依然可以给美国人一些启示。比如相对地看淡契约所带来的重压
（以及连带造成的职业律师人数的井喷）；给予家庭更多的关怀，这可
能有助于减轻因为执着于得到认可而造成的痛苦，尤其是来自美国之
外的认可。美国的母亲往往很早就会对自己的孩子表现出疏远，"去
吧，玩吧！你行的！"这样的话时常挂在嘴边，因为美国小孩的断奶
期远早于法国。在法国，母亲们的态度完全相反，她们倾向于对孩子
进行过度的保护，主导他的一切行为，并出于关爱和体贴对孩子进行
束缚，也由此折断了孩子自由的翅膀（参见博得里《法国人与美国
人：彼岸》一书，2007年版，第63—69、259—260页）。

　　如果在这两种民族性上加以平衡，就可以让被家庭温暖所包裹
的法国人增加一点冒险精神；而对于过早失去家庭温暖的美国人来
说，这种平衡则可以减轻由于害怕被世界厌恶、成为反美情绪牺牲
品而产生的无尽忧虑。所谓的反美情绪其实并没有实质的基础，更多
的时候只是冲动所致，但它又的确是现实。如果美国人认真思考那些
反美人士的心理的话，也许这种情绪就会不那么强烈。曾经大量引进
美国音乐作品，并改名为"Johnny Hallyday"的著名歌手让-菲利普·
斯迈（Jean-Philippe Smet）也对美国有所保留。他在一次采访中如此
说道（参见2002年11月3日《世界报》记者对其所进行的采访，引
自博得里《法国人与美国人：彼岸》一书，2007版，第243—244页，
注释1）：

反对单一语言

> "我很喜欢去美国待上一个月。我喜欢马,喜欢哈雷机车,喜欢美国音乐。但这不是我的文化,我太拉丁了。我对美国人的心理、他们对于钱和生意的偏执,以及他们自以为是世界主宰者的想法都感到失望。"

还有另一种在美国不存在的现象也为使用法语的人带来了很大的优势。那就是人们对法语所产生的一种文化上的感情,这与一个国际性组织对法语的推广不无关系。这个组织由 70 个国家和地区组成,将它们联合到一起不是出于某个金融计划,也不是为了建立起经济关系,而只是因为法语。笔者在五大洲的许多国家都有过讲学经历,发现无论哪个地方的人,都有一种对于法语的好奇,一种学习法语、阅读法语书籍的欲望。有必要强调的是,这一态度在美国尤其强烈,至少在那些前来聆听受邀外国学者讲座的人身上得到了体现。一部分法国人意识到法国应该有能力以自己独特的方式参与到世界的变革之中,在这种意识的指引下,他们的行动不再含有令人沮丧的失败主义情绪,也没有已经被我们驳斥的所谓法国衰退带来的苦楚。于是,大量文化基金会便鼓励各个领域的专家将自己的研究内容和成果展示在那些乐意了解学术活动的公众面前。比如诺南库尔(Nonancourt)基金会就是一个例子,它的创立者正是那个让洛朗·佩里(Laurent-Perrier)香槟跻身为法国最知名香槟之一的人。同时,与法国各个领域——从电影到原子能,从足球到奢侈品工业,从运输到时尚,从航天到城市化,从哲学到香水,等等——的知名人士相关的书籍也大量出版[比如曼德尔鲍(Mandelbau)的《人才济济的法国》(*La France des talents*),2004 年版]。这些人积极地应对当今世界所面临的各种严峻挑战,为人类的幸福添砖加瓦。

文化之间的对话是和平的真正的人文基础。面对这些挑战，如果我们想要实现这一点，就不能不分彼此地将人类并入一个只说一种由金钱主导的语言的体系之内，而是要加深各种文化的特性，表现出对于一切文化应有的尊重，因为每一种文化都有着普世性。以法语为母语的人的性格中有一个特质给当下的世界带来了福音，那就是他们对于文学这种既普世又无比多元的表达方式所具有的感情。与那些动不动就唱衰法国、并试图以此来蒙蔽大众的精神受虐狂们相反，真正使用法语的人热爱文学，他们能够超越时代，在电影和电视（参见下文）所带来的巨大压力下，继续"与书籍恋爱"。某日报近期有一版的标题体现了这一点。它的副标题和文中小标题如下："在文学繁荣的背景下召开的国际小说大会"；"法国在各类文学盛典上独树一帜"（参见 2010 年 5 月 21 日的《世界报》，第 2 版）。

与这些文学盛典紧密相连的是书商这一职业，他们是高端的思想商人，他们从事的是被升华了的交易。那些相信法国人不爱阅读的人完全想象不到出版人的数量在法国有多么庞大，他们忘了蒙田（Montaigne）那些简捷而优美的语句（如《随笔集》第三册第三章中的这句："我旅行时必带书"）描述的其实是法国人生活中长期以来的一个现实。在法国之外的其他国家，我们也能在一些人身上找到一种对于图书的激情，他们甚至笃信书籍有治疗性。正因为如此，在伦敦的"生活学院"（由一位哲学家在 2008 年创立，旨在向一切有需求者传授哲学以及智慧）内，两位痴迷文学的女性郑重其事地看起了病来：她们使用的是"书籍疗法"，也就是说为病人开"书方"（而非药方）。那些上门求诊的人印证了"书籍疗法"流派的创始人德波顿（A. de Botton）的假设，以及他曾经出版的一本书的题目：《普鲁斯特如何改变您的生活》（*Comment Proust peut changer votre vie*）［同时参见马兰格

尔（Malingre）"处方书"（Des livres sur ordonnance）一文，刊登于
2011 年 7 月的《世界报》]。

　　法国也有类似"生活学院"这样的机构以及以书籍为中心的城镇，目前数量已达到八个之多。这些城镇也许是受了国外的两个书籍天堂的启发，一个是 1964 年就作此规划的威尔士的海伊小镇（Haye-on-Wye）；另一个是 1984 年模仿海伊而规划的比利时小村河度（Redu）。法国在这方面的先行者是布列塔尼小镇贝士海尔（Bécherel），为了挽救即将消失的中世纪古城区，当地政府官员在 1989 年决定将其租给专营古书和二手书的书商。一个 750 人的小镇，一下子出现了 15 间书店。在其中一间的门口，写着这么一句话让行人驻足："文化太贵？那试试无知吧！"［参见西蒙（Simon）的"书镇（几乎）没有危机"（Les village du livre ne connaissent（presque）pas la crise）一文，刊登于 2011 年 7 月 8 日的《书世界》（Le Monde des livres）杂志。］尽管有不少困难，但当地以及外地的顾客对这一实践给予了足够的支持，以至于贝士海尔历经二十多年依然存在。它的成功经验还在法国催生出了其他七个阅读圣地：罗纳-阿尔卑斯大区的安比尔（Ambierle）、勃艮第大区的屈西里（Cuisery）和卢瓦尔湖畔拉查里特（La Charité-sur-Loire）、北部加来海峡大区的埃斯凯贝克（Esquelbecq）、洛林大区的丰图努瓦-拉-茹特（Fontenoy-la-Joûte）、普瓦图-夏朗德大区的蒙莫里永（Montmorillon）、朗格多克-鲁西永大区的蒙托利厄（Montolieu）。

　　这些书商当中的有些人接待了来自韩国、荷兰、挪威、芬兰、马来西亚等地的效仿者。对于一个"书镇"而言，书商和居民的比例很容易计算，以丰图努瓦-拉-茹特为例，这个拥有 15 家书商的小镇竟然只有 300 个居民，比贝士海尔还少了 400 个！还需要强调的是，这些

"书镇"对于学校而言也有积极意义。比如在蒙托利厄这个弹丸之地，之所以还有小学，正是因为有这些书商的存在（参见西蒙的"书镇（几乎）没有危机"一文，刊登于 2011 年 7 月 8 日的《书世界》杂志）。许多书店还不时推出艺术展。它们也组织一些与讲座并行的签名售书会，这一举措在法国十分流行，它的存在足以让公众想起除了喧嚣的迪士尼乐园文化、除了电视荧屏文化，还有另一种文化的存在。当然，某些以作家为主题的电视节目也还是促进了书籍的传播的。

还可以指出的是，有些作家在可以使用母语的情况下，依然选择用法语写作。这不是因为法语能为他们带来更大的受众群，而是因为他们认为法语能更好地表达自己的情感和思想。摩洛哥的塔哈尔·本·杰隆（T. Ben Jelloun）、海地的达尼·拉菲里埃（D. Laferrière）、罗马尼亚的萧沆（E.-M. Cioran）、刚果的阿兰·马邦古（A. Mabanckou）等等都属于这个庞大的法语作家群体的代表。

在小说创作之外，法国也有自己独特的政治思想。诚然，身份意识的淡化和反穆斯林主义的假象让那些相信法国价值的人在反对国际狂热分子暴行这场正确的运动中也变得温和起来；学院派的畏缩，思考第三世界以及后殖民时代问题时所表现出来的不温不火，这些都与 1945 年至 1985 年间法国知识界百花齐放的状况相去甚远。但大胆的想法还是不时出现的。那些经常被保守派或者当局指责为激进分子的大师们所做的研究是孕育它们的土壤［如 E. 巴利巴尔（E. Balibar）、A. 巴迪欧（A. Badiou）和 J. 朗西埃（J. Rancière）］。同时，年轻一代当中最有自主意识的那些人希望撼动他们所承受的重压，这也刺激了大胆想法的出现。这里提到的重压首先是经济上的，其次才是文化上的。因此，反对语言单一语言（思想）的斗争有着很强的现实意义，因为支撑单一思想的，正是今天我们所承受的经济重压。此外，另一场斗争也能带来一种有益的解放，领导它的人被称为挑衅者，也就是那些像维勒贝克（M. Houllebecq）或者翁福雷（M. Onfray）那样，通过他们自由的思想和行为，撼动知识分子小团体内的陈词滥调以及不太思考的大众身上那些矫情的信念。

在世界范围内的思想探索之旅中，法语所占的位置充分体现了拉丁文明社会中文化身份的重要性。与英语相比，拉丁语更有资格成为欧洲语言。一方面，今天已经没有任何一个国家以它作为官方语言，因此，它也不存在任何称霸的计划；但另一方面，拉丁语又是一个词汇的宝库，几个世纪以来，它滋养了不同的语言，这其中自然也包括了英语，但受益最为明显的还是那几门出自于拉丁语的语言：加泰罗尼亚语、西班牙语、法语、意大利语、奥克语、葡萄牙语和罗马尼亚语。

莱维-勒布隆曾写道（参见其《试金石：科学的考验》一书，1996年版，第248—249页）："基于这些语言之间的互通性而建立起来的世界上最庞大的语言共同体之一让英语世界感到难堪。举一个很普通的例子：对于一个法国物理学家而言，与他的意大利、西班牙甚至罗马尼亚同事之间使用英语交流是极度荒谬的事。因为无论是上课、讲座还是私下讨论，他们身上所具备的多语性理解都可以解决交流的问题。而这种多语性特质不只源于他们各自语言之间的亲缘关系，从深层角度来看，它更是植根于一种共同文化之上。"

只要意识到了这些显而易见的道理，人们就会轻松地得出以下结论：拉丁世界还有很大的一部分地区需要彻底做出联合的努力，尤其是中南美洲地区，而该地区恰恰被称为拉丁美洲。那里有好几百万的男女正在等待一个决定性的举措，尤其是来自法国方面的举措，很多人可能已经为此等了良久。大约 50 年前，L. 阿蒙（L. Hamon）就曾指出［参见其"法国和拉丁语"（La France et le latin）一文，刊登于 1953 年 12 月 27 日的《世界报》］：

> "语言、品位以及所有可以被称之为拉丁性的东西，让这些人将法语视为他们心中的国际通用语言：一切人都是如此……除了法国自身。"

3　反对单一的美

以何种形象示人，对于每个个体来说都至关重要。而在这一领域，存在着一个同样来自大西洋彼岸的可怕挑战，那就是单一的美。著名整形医生，让-克劳德·阿热日（Jean-Claude Hagège）博士，对此做过如下批判（引自未出版的私人报告）：

> "将美等同于一种单纯的外在形象已经有几十年的历史了。随着美国电影的腾飞，这一观念得到了充分发展。在频繁参加了一系列美国整形医学大会之后，这一显而易见的事实更是得到了印证。它似乎是上世纪末好莱坞明星美丽传奇的再现。明星们的外形优势在今天被放大到了极致（嘴巴、胸部等等）。这可谓是由广告界和化妆品研发实验室合力操控的一场真正的以美为主题的假面舞会。除了将外形独裁主义强加于我们，大西洋彼岸的美学观念还会引发一个更为广

161

泛的社会问题。因为这种单纯的形态意义上的美学视角必然会诱发心理的改变。而魅力也将在事实上沦为纯粹外形层面的概念。1943 年，作家鲍希斯·维昂（Boris Vian）就已经在他精彩的《于是我们将会杀尽一切丑陋者》（*Et on tuera tous les affreux*）一书中，向我们预告了这样一种美学观念将会带来的种种危险。他想象了一个所有人都既美又相似的社会。在那里，只有那些皮肤粗糙不平或者有外形缺陷的人才会因为与众不同而受到追捧。同样地，这种外形美学观还有可能改变我们的感官态度，而这一点就更为严重了。感官会成为各种被推到极致的外形特征之间的相互竞争，比如过厚的嘴唇、腮红、隆起的胸部，这些被认为是体现欲望的特征。而人类应当有另一种感官追求。

［……］单一的美注定会倒在自身的完美面前。外科整形需要找回它真正的定位：那就是重构外形与内在之间的平衡。幸运的是，在今天的法国，单纯形态意义上的冰冷无声的美，已经或者说几乎没有市场了。近些年来，我们看到了一种新型的对于美和整形的需求在法国诞生并且成长，［……］那是一种对于自然、独特和个性之美的追求，一种与任何标准和限制无关的自由的美。作为整形医生，我们唯一应该做的就是回应需求。除非我们真正的技艺是隐去外在的雕饰。也就是如意大利批评家们所说的自然随性（sprezzatura），艺术到了极致便是不着痕迹。

同理，与他人的接触、脸部不同表情的表达，这些元素必将取代外形之美。如此一来，无论男女，便都能超越一切观念独裁而选择他们自己专属的美。"

4　语言和文化多样性：一切抗争的目的

作为定义了人类世界及其所包含的不同族群的一个基本特征，语言和文化多样性的重要程度已经在本书中得到了强调。如中国那样一眼看上去像是要以自身的主导来取代美国霸权的国家，事实上对于多样性是十分在意的，它们促进了其他国家为实现多样性所做的努力。可能正因为如此，在 2010 年的上海世博会上，法国馆才会成为参观人次最多的场馆。

从更普遍的角度来说，亚洲的大量民众应该被视为是对美式全球化所造成的同一化过程的一种有效平衡。同时，他们还是一种号召：号召一场为了捍卫和发展世界文化多样性而进行的抗争。在线教育和对互联网的使用是这场斗争的核心战略，它们能推动"反主流文化"。多样性的一个基本特征在于每个国家是否懂得培育它。法国就是一个正面的例子。2009 年 6 月，法国电视集团成立了一个多样性常委会，以对抗媒体中普遍存在的模仿现象。它是一个起警诫和刺激作用的独立组织，承担着在节目中以及人事安排方面推广社会阶层和族群文化多样性的使命。因为法国既有海外省又有移民后裔，地域文化之间的差异和互补性赋予了法国多样化的外形。可以说这是对费尔南·布劳代尔（F. Braudel）评述法国历史形成的那句话的当代演绎："法国的名字是多样性"［参见布尔热（Bourges）的《多样性常委会活动报告》（*Rapport d'activité du Comité permanent de la diversité*），2011 年版］。

至于欧洲，在这个推崇多样性、反抗由一种强权国家的语言主导的单语主义压迫的地方，难道它只应该拥有一种流通用语吗？人们经常会举出查理五世的例子，据说他用拉丁语与上帝交流，用意大利语

反对单一语言

与乐师交流，用西班牙语与军队交流，用德语与家仆交流，用法语与女士交流，用英语与马交流。其他一些有名的例子则在年代上与我们近了许多，比如戴高乐将军。尽管他是法国的民族主义者，但他却

> "有一个完全个人的、几乎有些迷信的习惯，那就是每次出访外国之时，都使用当地语言进行表达。这种不太符合外交礼节的语言选择说明了对这个有着图腾般仪态的瘦高个来说，［……］语言不是障碍。［……］不知道是他有什么魔力还是奇迹所致，戴高乐的语言非但不会出错，反而能自然地转换成到访国的语言。"［参见格拉特（Gruat）《将军的语言》（*Les Langues du général*）一书，2010 年版，第 20 页］

的确，在许多他受邀访问的国家里，第五共和国的奠基者都用当地语言来向东道主或者聆听他讲话的人致谢，或者友好地致意，这里面包括了德语、英语、西班牙语、俄语、波兰语、葡萄牙语、罗马尼亚语和土耳其语。然而，德语是这些语言当中戴高乐唯一能说的语言。至于其他那些则完全靠强记：他通过当地人或者优秀语言专家的帮助来纠正发音，并背下由数句话组成的整段文字。鉴于这些语言差异巨大，从斯拉夫语言极其复杂的名词变化到土耳其语后缀的粘着作用，而戴高乐又从未学过其中一门，可以想象他需要付出多么惊人的努力。

当然，这首先是出于政治的考虑。因为不管戴高乐造访的国家属于东方阵营还是西方阵营，他的主要目的就是要鼓励他们走第三条路，一条在瓜分了大半个世界的美苏两大阵营面前保持独立的道路。然而，在鼓励政治多样性之外，辅以对于每个到访国的本土文化的弘扬（通过语言），这正是对多样性的一种坚决肯定。我们甚至可以认为他是

通过某种名人光环效应来替多样性正名。因为根据当时的资料显示，戴高乐将军的身材、口才、声线，以及在法国和欧洲最黑暗时刻所赢得的英雄形象，都让他的话语具备了一种改变事件进程的强大能力。1967 年，他在蒙特利尔宾馆阳台上喊出的那句"自由魁北克万岁！"就是一个绝佳的例证。

为了语言多样化而进行的斗争遭遇的是另一场由英语的无条件支持者们所领导的斗争。作为他们当中的一员，P. 范·帕西斯（P. Van Parijs）在其发表的众多文章中（尤其是他所有理据得以结集出版的 2004 年）宣称欧洲不能没有一种通用语。但这远非顺理成章的事。正如我们在上文中所强调的：对于欧洲而言，推广两到三种使用时间最久、使用区域最广的语言是一种好得多的选择。如果有人因为对于自然形成的语言之间可能产生的竞争有所微词、而更信任通用语言的话，那么推广一种类似世界语那样的人造语言也是一种比英语更好的选择，因为按照大家的反响来看，世界语远比英语更易掌握。

另一方面，范·帕西斯肯定地表示，欧洲人非但不应该限制英语的传播，反而应该将其扩大。因为按他的说法，英语的普及（尤其通过在电视上添加字幕的方式）是一种民主行为，体现了语言上的公平。而现实是只有最优越的阶层才能轻松快速地接触到英语，因此有必要将其推广至那些最弱势的人群。他看上去并没有意识到，如果人们像今天支持英语那样给一种流通用语提供强有力的后盾，那么这种流通用语将轻松变身为一种融入地方的语言（参见本书第三章第二节），进而取代其他所有语言。这正是 2000 年前拉丁语在今天的西欧各国所做到的，而保守地来说，今天的英语拥有十倍于当年的资源来实现这一点！此外，范·帕西斯还表现出对于英语民主性的极大乐观，但这种语言的普及并不能打破高级流通用语的一个常规特征，那就是划分社会阶层的能力。

范·帕西斯也主张采取严格的手段保护其他欧洲语言，并坚持语言地域性原则。但与此同时，他又坚称在高等教育中加快采纳英语作为唯一用语十分必要，主张建立自由语区，以便于英语的大量使用，这就意味着对语言地域性原则的破坏。鉴于以上种种自相矛盾的地方，我们已经很难理解他的真实主张。但有一点却是很清楚的，那就是很多政治团体都以范·帕西斯的言论作为依据，比如"Aula Magna"、"Brussel Forum"、"Manifesto"、"Pro Brussel"。它们与部分弗拉芒的地区政府一起，给布鲁塞尔周边的法语族群使用法语不断制造困难。除了限制布鲁塞尔周边地区的法语使用之外，运动的负责人还试图剥夺那些与布鲁塞尔市区一样、法语人口达到80%的郊区城镇的权力。除了法语人口比重的增长，这些城镇中的北非移民后代们也倾向于选择使用法语这一与他们有着文化和教育渊源的语言。

在当地法语势力渐长的局面下，上述这些政治运动的目的就是要将地方城镇的权力收归于大区的行政部门，而那里的弗拉芒人的比重稳稳地保持在50%。这将有利于他们实行自己的地区性教改方案：即从幼稚园开始实行荷兰语-法语双语教学，在中学实施多语教育，而英语在这一体系内部占有重要位置。这一方案可能导致的结果就是布鲁塞尔大部分居民法语身份的淡化。除此之外，这些政治团体还根据范·帕西斯的另一建议，在大学内开设了一些只使用英语的硕士研究课程。这个计划甚至激起了某些荷兰语捍卫者的反感，他们认为荷兰语会和法语一样变成受害者［参见纳索（Nassaux）的"对于布鲁塞尔与瓦隆地区联系的破坏"（Offensive contre le lien entre Bruxelles et Wallonie）一文，刊登于2008年8月28日的《自由比利时》（*La Libre Belgique*）报］。在这一局面下，有些人为布鲁塞尔的多文化特征额手称庆，但这种有些天真的热情事实上助长了对法语区的攻击（出处同上）。

　　鉴于以上提到的弗拉芒政治团体及其代言人范·帕西斯的所作所为充满了决一死战的对抗气息，与之相对的那场捍卫语言多样性的斗争便显得愈发必要了。后者的意义超越了比利时这一个案，超越了这个国家内部法语区与荷兰语区由来已久的对抗。它的真正对手是那些为英语成为欧洲语言而辩护的人。这些人只是打着民主化的旗号来反对真正意义上的文化多样化。而所谓的民主化，其实不可避免地建立在世界美国化的基础之上，也就是说建立在一种拒绝推广多样化的理念之上。

　　英语传播范围的持续扩大并不是不可逆转的，恰恰相反，它可能会开始一段真正的倒退期。至少一本近期出版的著作持这一观点。这本著作的标题《最后一门通用语：巴别塔回归之前的英语》（*The Last Lingua Franca. English until the return of Babel*）［2010 年版，在此谨对莫里约（J. Morillot）表达谢意，正是他让我注意到了这部著作］，用意已经十分明确。它的作者奥斯勒（N. Ostler）通过十分广博的研究调查，证明了历史上任何一种通用语在传播的广度上都无法与今天的英语相提并论。那些语言即使传播到了国土以外的广大地方（比如今天的近东地区，参见本书第二章第一节），也远不至于覆盖五大洲。不过，这位作者同时很肯定地认为，今天在世界上传播最广的英语将会失去流通语的角色，取而代之的是历史上曾经有过的"巴别塔时期"的回归。另外一些坚信英语将维持通用语地位的人则有如下理据：尽管英语和其他同类语言一样，是在领土征服、贸易往来或者福音化运动的基础上强加于世界的，但它的影响力已经不再取决于以上任何一种背景。而奥斯勒却举出了相反的证据：那就是英语远没有得到普遍追捧，绝大多数的民族还是钟情于他们本土的语言，哪怕这种感情部分来自于 19 世纪欧洲的民族主义思潮。

除此之外，这位作者声称还应该考虑到一个正在成形的关键现象：电脑翻译技术的持续进步所带来的全新局面，"每个人自己选择口头和书面的语言，而这不影响他与世界的沟通。"这就是奥斯勒眼中的新兴技术手段所承诺的未来。这些技术包括了谷歌翻译、雅虎的宝贝鱼、微软的必应翻译，它们提供大量语言之间自动的、即时的互译，并不断地扩展它们的能力和服务范围。当然，我们完全可以认为奥斯勒的预言不会实现，或者至少不会在短期内实现，因为现今的电脑翻译还是存在很多错误，声调和词句的发音时长也是障碍之一，还有语言的横向使用所带来的重组困难，如在一些双关语和其他文字游戏中。但我们依然能从奥斯勒的想法中找到一种令人愉悦的新鲜感，它与所有英语中心论的思想有着天壤之别。值得钦佩的是，这一观点来自于一个母语为英语的学者。这些预言若是成真，他必定感到欣慰。因为那些濒临灭绝的语种将从中受益（参见海然热的《让语言消亡停步》一书，2000 年版），而他恰恰是濒危语种协会的现任会长。

最后，我们也应该注意到奥斯勒的以下两个论断是有道理的：其一，技术创新能带来意想不到的结果；其二，"互联网所带来的发展进程不是一个集中化进程，而相反是一个多样化进程。"最近十年间，以出现频率为标准，网络上发展最快的语言从高到低依次是阿拉伯语、汉语、葡萄牙语、西班牙语和法语。我们曾经一度认为今天的科技手段将助长英语的主导局面，而事实上，它们反而为语言的多样化创造了越来越广的平台。从这个意义上说，它们与大自然走了同一条路：那就是无论在文化和语言领域，还是在动植物等生命体领域，从来就只有欣欣向荣的局面上演。

今日世界所充斥的陈词滥调是不同形式单一思想的化身，它们成功地中断了人类思考的天性。民主是为这些形式的单一思想做解释的概念中的一个。美国政府正是挥舞着民主的大旗，检视那些遵守或者违背美国民主理念的国家，并赋予了自己嘉奖或者批评它们的权利。而西欧的许多政府在这方面则经常亦步亦趋。今天的俄罗斯是一个很好的例子。与很多政治家、如苏联最后一任领导人戈尔巴乔夫所预期的相反，对这个国家的妖魔化没有随着苏联的解体而结束。以防止俄罗斯重新陷入"极权主义"为借口，西方人极力地将它与西方式的民主理念对立起来。正如一位研究俄罗斯的资深专家所写道的那样［参见科坎（Coquin）的"将斯大林主义看成希特勒主义所引发的思考"（Réflexions sur l'assimilation du stalinisme à l'hitlérisme）一文，刊登于 2006 年的《欧洲》（Europe）杂志，第 306—307 页］：

"这里，我们忘记了俄罗斯和俄罗斯人不希望转型为西方式的民主国家，丢弃他们自己的文化和民族价值观：他们的民主有社会主义特征，是公平性和集体性的，或者说是团结的、有人情味的［……］；在他们眼里，我们的民主受自由主义和个人主义影响，讲究商业至上，受财阀统治，很不平等。也就是说，他们对我们的批判程度几乎不亚于我们看待他们的制度时所表现出来的态度。虽然不想得罪那群咄咄逼人的自称为民主卫士的人，但也必须要说俄罗斯应该自己选择自己的民主体制［……］。有多少个国家和民族，就有多少种"民主"，民主应当符合每个国家的历史和文化：［……］根据情况的不同，可以有社会主义民主，也可以有自由主义民主，可以有议会体制下的民主，也可以有总统体制下的民主，它可以是个人主义的，也可以是集体主义的，可以是讲求道德的，也可以是唯利是图的，可以是竞争性的，也可以是重新分配的，可以是受媒体左右的，也可以是英明的，可以是世俗的，也可以是与宗教有关的，可以是君主体制下的，也可以是共和体制下的，可以是多极化的，也可以是集权化的，可以是国家主义的，也可以是去中心化的，可以是直接的，也可以是间接的，可以是保守的，也可以是进步的，可以是工会主导的，也可以是公民主导的，可以是现代的，也可以是行会式的，可以是宽容的，也可以是安全至上的，可以是和平的，也可以是以介入为原则的，可以是土生土长的，也可以是引进的，可以是不透明的，也可以是透明的，等等等等。[……] 我们不要将民主推广与市场份额争夺战，或者说桥头堡战略混淆起来。"

无论是在意识形态、社会行为还是宗教信仰方面，要接受多样性都会遇到困难。这一困难有着多种不同的现代表现，俄罗斯需要接受民主再教育这个假象只是其中之一。古希腊传统贡献给世界的民主价值自此便有可能沦为压迫的工具；强行实施民主也许会成为某种形式的不宽容。这就是单一思想的恶果之一，而本书力主的则是它的对立面，也就是多样性的普遍确立。上文对于民主概念内涵的探讨体现了单一语言（思想）带来的压迫，它也告诉我们，捍卫语言（思想）自由的斗争、反对一切试图扼杀它的偏见是多么重要。

结　论

本书现在到了尾声。但这一尾声只是暂时性的，因为捍卫语言多样性、反对单一语言的斗争不能停歇。

对此我们应当抱有希望，甚至确信不疑。美国在全球的主导源于1945年反法西斯战争的胜利。从这一点来看，欧洲和世界有很好的理由来接受这一主导，它们甚至应该感谢美国为了自由所作的抗争。但当我们看到在和平的表象背后，美国实际上展开了一轮新型压迫之时，一场以推广多元语言（思想）、实现语言（思想）自由为目的的二次斗争就成为了必需。因为尽管单一语言带来的压迫无关身体暴力，但它却是真实存在的。它不会促进文化的多元和理念的蓬勃发展，而只会制造并维持奴性主导下的人云亦云，以及无可避免的平庸化恶果。人类历史已经经历了数次将世界，或者至少是一整个广袤大洲置于某个单一权力统治下的尝试。从蒙古人到纳粹，这些尝试无一例外用的都是暴力破坏的手段。

诚然，由美国发起并推行的"全球化"运动并没有上述尝试中所出现的物质上的侵略和破坏计划；但如果各个民族、各种文化无法意识到直面这场运动的必要性的话，那么，"全球化"就能强行让我们的语言（思想）陷入贫瘠的同质化状态。幸运的是，我们的抗争得到了一条与所有物种相关的自然法则的支持，那就是无限多样化的法则。

反对单一语言

然而，循规蹈矩的思想、模式化的理念依旧有能力确保一段长时间的统治。今天，它们似乎已经俘虏了一大部分民众以及法国社会的所谓"精英"阶层。尽管如此，在它的母亲国，法语还是如1789年至1791年间那样，继续为人权和自由呐喊。维系这一传统的是官方之外的、时而与官方对立的一群人，他们一直坚信，法语能与其他孕育了灿烂文明的语言（如德语、西班牙语、意大利语、俄语、希腊语、印地语、汉语、日语）团结在一起，共同为人类及其未来做出贡献。

揭露单一语言、提出如本书所勾勒的一些新型创新形式，都是参与这场斗争的表现。但不能因此就将对于单一语言风险性的警告解读为法国某些领域和其他欧洲国家存在的习惯性反美情绪的新证据，也不能认为这一举动轻率地忘却了包括美国和欧洲在内的国家之间所存在的不可或缺的联系，因为这一联系是所有这些国家的文化和政治根源所在，而美国和欧洲在其中有着举足轻重的作用。今天，在捍卫思想和信仰自由的过程中，这些国家一起面对着当代蒙昧主义和宗教狂热主义给人类命途设置的危机和灾难，这两股实力超强的势力正处于征服者的位置。

而语言的丰富多元则是我们在这场捍卫自由的斗争中所掌握的强大武器。推崇多样性、肯定每种文化的独立性，非但不会在捍卫思想自由的阵营内部激起敌意，反而会成为这一阵营更新能量和信心的基础。从这个意义上说，它们远比软弱的跟风、温顺的同质化，以及谨慎的效忠更值得青睐。因为从长远来看，这三种行为都会因为磨灭了丰富的多样性和创造性的主见而让我们变得脆弱。

因此，即使反对单一语言的斗争不是将现已衰落的美国民族作为敌人，那也是针对其思维方式和生活方式的至关重要的斗争。这场斗争超越了近期一本畅销书所呼唤的愤慨情绪［参见埃塞尔（Hessel）

的《愤慨吧!》(*Indignez-vous*)一书,2010 年版]。我们不能仅仅要求被操控的民众们"愤慨吧!"而更应该号召他们"抵抗吧!"就像该书作者本人在那个纳粹试图奴役欧洲、并以种族原因摧毁其中一个组成部分的年代所做的那样。当然,今天的摧毁不在于身体,而在于思想、政治和经济层面。法国应当参与抵抗。从 14 世纪中期艾田·马塞尔(Étienne Marcel)反对法国国王"好人"约翰,中间经历了大革命时期的反君主制,到 1940 年后反对希特勒和维希政府,法国一直有着抵抗的传统。今天的抵抗可以说更为紧急和必要,因为我们面对的不是一个明确的政治军事势力,而是一场表面和平、内里凶险的运动。事实上,对于普通民众来说,单一语言(思想)远没有达到能被瞬间察觉的地步,尤其在法国,民众还看不到这一问题。而笔者希望能擦亮他们的双眼,这是大家可以从本书中读到的信息。

参考文献

AUTANT-LARA, C. , 1992, *Europaramont*, Paris, Éditions du Flamebeau.

BARBIER, J. -C. , 2008, *La Longue Marche vers l'Europe sociale*, Paris, Presses universitaires de France.

BAUDRY, P. , 2007, *Français et Américains. L'autre rive*, Paris, Pearson Education France, 3ᵉ édition.

BAVEREZ, N. , 2011,« Mondialisation et liberté », *Le Monde Économie*, 22 février, p. 1.

BERGER, Y. , 2003, *Dictionnaire amoureux de l'Amérique*, Paris, Plon.

BOÉTIE, E. de La, 1574, *Discours de la servitude volontaire, ou Contr'un*, Paris.

BOTTON, A. de, 2001, *Comment Proust peut changer votre vie*, *Paris*, Éditions 10-18.

BOURDIEU, P. , 2001, intervention dans le débat « Quelles langues pour une Europe démocratique? », *Raisons pratiques* n°2, La République des langues.

BOURGES, H. , 2011, *Rapport d'activé du Comité permanent de la diversité*, Paris, France Télévisions.

BROWN, L. , 1973, *World without Borders*, New York, Random House, Vintage Books.

BRUSINI, H. , 2011, *Copie conforme. Pourquoi les medias disent tous la même chose?*, Paris, Seuil.

BRZEZINSKI, Z. , 2000, *in The National Interest*, Summer-Fall.

BURCHFIELD, R. , 1985, *The English Language*, New York, Wiley and Sons.

CALVET, L. -J. , 1987, *La Guerre des langues et les politiques linguistiques*, Paris, Hachette.

CARROUÉ, L. , 2002, *Géographie de la mondialistion*, Paris, Armand Colin.

CHEVILLET, F. , 1994, *Histoire de la langue anglaise*, Paris, Presses universitaires de France, « Que sais-je? », n° 1265.

CHOMSKY, N. , 1992, *Manufacturing Consent*, film produit par Mark Achtas Peter Wintonick.

COLLAS, A. , 2011, « A Polytech'Tours, le master d'urbanisme est devenu "so English" », *Le Monde Éducation*, 9 mars, p. 7.

COOMBS, P. , 1962, « Cultural Affairs and Foreign Relations », *in The American Assembly*, New York, Columbia University Press.

COQUIN, F. -X. , 2006, « Réflexions sur l'assimilation du stalinisme à l'hitlérisme », *Europe*, n°921—922, p. 283—307.

CUSHING, S. , 1977, *Fatal Words : Commumication Clashes and Plane Crashes*, Chicago, University of Chicago Press.

DAYEZ-BURGEON, P. , 2011, *Les Coréens*, Paris, Tallandier.

DEBRAY, R. , 1980, « Du bon usage de la domination culturelle », *Le Monde diplomatique*, mars, p. 5.

DEHECQ, J. -F. , 2004, entretien avec le magazine *L'Expansion*, 28 octobre, p. 7.

DESCLÉS, J. -P. , 2010, « Comment le francais peut-il être encore un support efficace de l'innovation? », manuscrit.

DOLLFUS, O. , 2001, *La Mondialisation*, Paris, Les Presses de Sciences po.

DUCHEMIN , Y. , 2010, contribution au débat « Dans les facs, va-t-on passer au tout anglais? », *Le Monde Magazine*, 13 novembre, p. 40.

DURAND, C. X. , 2002, "Where has hegemonic English led us : the French example", in *Proceedings of the International Conference on Globalization, Education and Language*, Danshui (Taïwan), Tankang University, pp. 5—16.

DURAND, C. X. , 2004, « Les impostures des apôtres de la communication », *Panoramiques*, 69, pp. 105—122.

DURAND, C. X. , 2006, « If it is not written in English, it is not worth reading! », *Current Issues in Language Planning*, Vol. 7, 1, pp. 44—60.

DURAND, C. X. , 2008, « Cultural diversity as an engine for kownlegde development », *Critical Inquiry in Language Studies*, 5, 3, pp. 149—164.

DURAND, C. X. , 2010, *Une colonie ordinaire du XXe siècle*, Fernelmont (Belgique), Éditions modulaires européennes.

ELDER, R. , 1968, *The Information Machine*, Syracuse, Syracuse University Press.

ÉTIEMBLE, R. , 1964, *Parlez-vous franglais?*, Paris, Gallimard.

EUDES, Y. , 1982, *La Conquête des espirits*, Paris, Maspero.

EUDES, Y. , 2011, « Facebook, Twitter et la révolution mondiale », *Le Monde*,

« Décryptage et analyses », p. 20.

FLOCH, B. , 2011, « La bataille de la matière grise est engagée », *Le Monde Éducation*, 9 mars, p. 5.

FODOR, I, et C. HAGÈGE (resp.), 1983, *Language Reform, Theory and Future*, Hamburg, Buske, tome 1.

FODOR, J. A. , 1994. , *The Elm and the Expert. Mentalese and its Semantics*, Cambridge (Mass.), MIT Press.

FROMMER, F. , 2010, *La Pensée PowerPoint. Enquête sur un logiciel qui rend stupide*, Paris, La Découverte.

GALLUP, G. , 1981, *An American Foreign Policy Reader*, Washington, State Department, chapitre 4.

GOBARD, H. , 1976, *L'Aliénation linguistique. Analyse tétraglossique*, Paris, Flammarion.

GRIN, F. , 2004, « On the costs of cultural diversity », *in* P, van Parijs (éd.), *Cultural Diversity versus Economic Solidarity*, Bruxelles, De Boeck Université, pp. 189—202.

GRUAT, C. , 2010, *Les Langues du général*, Paris, J. -C. Lattès.

HAGÈGE, C. , 1975, *Le Probleme linguistique des prepositions et la solution chinoise* (*avec un essai de typologie à travers plusieurs groupes de langues*), Paris/Louvain, Société de linguistique de Paris/ Peeters.

HAGÈGE, C. , 1983, « Voies et destins de l'action humaine sur les langues », *in* Fodor, I. , et C. HAGÈGE (resp.), 1983, *Language Reform, Theory and Future*, Hambourg, Buske.

HAGÈGE, C. , 1985, L'Homme de paroles, Paris, Gallimard, « Folio Essais » .

HAGÈGE, C. , 1986, *La Langue palau, une curiosité typologique*, éd. par Haiim B. Rosén, Munich, Wilhelm Fink Verlag, coll. « Forms of language structure » .

HAGÈGE, C. , 1987, *Le français et les siècles*, Paris, Odile Jacob.

HAGÈGE, C. , 1987, « La traduction, le linguiste et la rencontre des cultures », *Diogène*, janvier-mars, n°137, pp. 24—34.

HAGÈGE, C. , 1992, *Le Souffle de la langue*, Paris, Odile Jacob.

HAGÈGE, C. , 1993, *The Language Builder, an Essay on the Human Signature in Linguistic Morphogenesis* (Amsterdam Studies in the Theory and History of Linguistic Science, vol. 94), Amsterdam/Philadelphia, John Benjamins.

HAGÈGE, C. , 1996, *Le français. Histoire d'un combat*, Boulogne, Éditions Michel Hagège.

HAGÈGE, C. , 1997, compte rendu, dans le *Bulletin de la Société de linguistique de Paris*, XCII, 2, pp. 327—333, de Haudressy, D. , 1995, *Lire* Le Monde *et traduire. Le russe politique*, Paris, Institut d'études slaves, « Documents pédagogiques de l'Institut d'études slaves », XXXVIII/2.

HAGÈGE, C. , 2000, *Halte à la mort des langues*, Paris, Odile Jacob.

HAGÈGE, C. , 2001, *La Structure des langues*, Paris, Presses universitaires de France, « Que sais-je? » n°2006, 6ᵉ édition.

HAGÈGE, C. , 2005, *L'Enfant aux duex langues*, Paris, Odile Jacob.

HAGÈGE, C. , 2006a, *Combat pour le français. Au nom de la diversité des langues et des cultures*, Paris, Odile Jacob.

HAGÈGE, C. , 2006b, « Vers une typologie linguistique des affects », *Bulletin de la Société de linguistique de Paris*, CI, 1, pp. 89—132.

HAGÈGE, C. , 2008, compte rendu, dans le *Bulletin de la Société de linguistique de Paris*, CIII, 2, pp. 7—16, de Hickmann, M. , et S. Robert (éds.), 2006.

HAGÈGE, C. , 2009, compte rendu, dans le *Bulletin de la Société de lingiustique de Paris*, CIV, 2, pp. 15—27, de Guentchéva, Z. , et J. Landaburu (éds.), 2007, *L'Énonciation médiatisée. II. Le traitement épistémologique de l'information*: *illustrations amérindiennes et caucasiennes*, Louvain/Paris, Éditions Peeters, « Bibliothèque de l'Information grammaticale », 63.

HAGÈGE, C. , 2010, *Adpositions*, Oxford, Oxford University Press.

HAGÈGE, C. , 2010, « Identité nationale et langue française », *Le Monde*, « Débats, décryptages », 9 mars, p. 19.

HAMON, L. , 1953, « La France et le latin », article paru dans *Le Monde* du 27 décembre, p. 7.

HARBULOT. C. , N. MOINET et D. LUCAS, 2002, 6ᵉ *Forum d'intelligence économique de l'Association aéronautique et astronautique française*, Menton, www. aaafasso. fr.

HESSEL, S. , 2010, *Indignez-vous*, Montpellier, Indigènes Éditions.

HICKMANN, M. , et S. ROBERT (éds.), 2006, *Linguistic Systems and Cognitive Categories*, Amsterdam/Philadelphia, John Benjamins, « Typological Studies in Language », vol. 66.

HUMBOLDT, W. von, 2000 (réédition d'un ouvrage de 1826), *Sur le caractère national des langues et autres écrits sur le langage*, traduits, présentés et commentés par D. Thouard, Paris, Seuil, « Points ».

HUNTINGTON, S. , 1996, *The Clash of Civilizations and the Remaking of World Order*, Cambridge, Harvard University Press (traduction française: *Le Choc des civiliza-*

tions, Paris, Odile Jacob, 1997).

INGRAM, D. , 2008, compte rendu sur W. O'Grady, *How Children Learn Language*, Cambridge University Press , 2005, in *Language* , 84, 1, pp. 201—204.

JACQUÉ, P. , 2011, « Les universités optent pour la politique des petits pas », *Le Monde Éducation*, 9 mars, p. 7.

JUDET de La COMBE, P. , et H. WISMANN, 2004, *L'Avenir des langues. Repenser les humanités*, Paris, Éditions du Cerf.

KACHRU, B. B. (éd.), 1992, *The Other Tongue*, *English across Cultures*, Urbana/Chicago, The University of Illinois Press.

KAHANE, H. , 1992, "American English: from a colonial substandard to a prestige language", in Kachru B. B. (éd.), 1992, *The Other Tongue*, *English across Cultures*, Urbana/Chicago, The University of Illinois Press, pp. 198—218.

KLEIN, J. , 1990, *Faux amis anglais*, *jetez votre masque*, manuscrit.

KRÉMER, P. , 2010, « PowerPoint, c'est du cinéma. Un livre à charge contre le logiciel », *Le Monde Magazine*, 16 octobre, pp. 30—32.

LABROUSSE, P. , 1983, « Réforme et discours sur la réforme: le cas indonésien », in Fodor I. et C. HAGÈGE (resp.) .

LAFFORGUE, L. , 2005, entretien dans *Pour la science*, mars, p. 32.

LÉVY-LEBLOND, J. -M. , 1996, *La Pierre de touche. La science à l'épreuve*, Paris, Gallimard.

LOPEZ LENCI, Y. , 2007, *El Cuzco*, *paqarina moderna*, Lima, Instituto Nacional de Cultura.

MALBLANC, A. , 1963, *Stylistique comparée du français et de l'allemand*, Paris, Didier.

MALINGRE, V. , 2011, « Des livres sur ordonnance », *Le Monde*, 24—25 juillet, p. 20.

MANDELBAUM, Jean, 2004, *La France des talents*, Paris, Descartes et Cie.

MARTINET, A. , 1960, *Élétnents de linguistique générale*, Paris, Armand Colin.

MATTELART, A. , 1976, *Multinationales et systèmes de communication*, Paris, Anthropos.

MOUNIN, G. , 1963, *Les Problèmes théoriques de la traduction*, Paris, Gallimard, « Bibliothèque des idées » .

MUFWENE, S. , 2008, *Language Evolution. Contact*, *Competition and Change*, Londres/New York, Continuum International Publishing Group.

NASSAUX, J. -P. , 2008, « Offensive contre le lien entre Bruxelles et Wallonie »,

反对单一语言

La Libre Belgique, 28 août.

NETTLE, D. , et S. ROMAINE, 2000, *Vanishing Voices. The extinction of the world languages*, Oxford, Oxford University Press.

NIES, F. (éd.) , 2005, *Europa denkt mehrsprachig*, *l' Europe pense en plusieurs langues*, Tübingen, Gunter Narr Verlag.

NYE Jr, J. S. , 2004, *Soft Power. The means to success in World Politics*, New York, Public Affairs.

OILLO, D. , 2010, contribution au débat « Dans les facs, va-t-on passer au tout anglais? », *Le Monde Magazine*, 13 novembre, p. 39.

OST, F. , 2009, *Traduire. Défense et illtustration du multilinguisme*, Paris, Fayard.

OSTLER, N. , 2010, *The Last Lingua Franca*, *English until the return of Babel*, Londres, Allen Lane.

PELLET, G. , 2010, « Invasion du tout-anglais. Les élites sacrifient la langue française », *Le Monde diplomatique*, décembre, pp. 1—4.

QUEIXALÓS, F. , 2007, « Le sikuani et la catégorie de source de l' information », in Guentchéva, Z. , et J. Landaburu (éd.) , *L' Énonciation médiatisée. II. Le traitement épistémologique de l' information : illustrations amérindiennes et caucasiennes*, Louvain/Paris, Peeters, « Bibliothèque de l' Information grammaticale », 63, pp. 129—149.

RASTIER, F. , 2007, « Les langues sont-elles des instruments de communication? », in M. M. Jocelyne Fernandez-Vest (dir.) , *Combat pour les langues du monde*, *Fighting for the world's languages*, *Hommage à Claude HAGÈGE*, Paris, L' Harmattan, « Grammaire et cognition » n°s 4 et 5.

REINHART, J. , 1980, *USICA World 1980*, USICA, OCPL, Washington D. C. , vol. 2, 2, mars.

RITZEN, J. , 2010, entretien dans *Le Monde Magazine*, 13 novembre, pp. 38—39.

ROWAN, C. , 1981, *An American Foreign Policy Reader*, Washington D. C. , Département d' État, chapitre 4.

SABAN, F. , 1978, *Les Expressions quadrisyllabiques idiomatiques du chinois moderne*, manuscrit de thèse, Paris, EHESS.

SALON, A. , à paraître, *La France que nous vouons*.

SCHILLER, H. , 1975, « Libre circulation des informations et domination mondiale », *Le Monde diplomatique*, septembre. p. 3.

SIMON, C. , 2011, « Les villages du livre ne connaissent (presque) pas la crise », *Le Monde des livres*, 8 juillet, p. 2.

SLOBIN, D. I. , 2006, "What makes manner of motion salient", in Hickmann M. , et S. Robert (éds.) , pp. 59—81.

STANLAW, J. , 1992, "English in Japanese communicative strategies", in Kachru B. B. (éd.) , 1992, *The Other Tongue*, *English across Cultures*, Urbana/Chicago, The University of Illinois Press, pp. 178—211.

STEINER, G. , 1978, *Après Babel. Une poétique du dire et de la tradition*, Paris, Albin Michel.

TOCQUEVILLE, A. de, 1856, *L'Ancien Régime et la Révolution*, Paris.

TUFTE, E. , 2006, *The Cognitive Style of PowerPoint*, New York, Wiley and Sons.

UPINSKY, A. A. , 1997, *Le Syndrome de l'ortolan*, Paris, Éditions François-Xavier de Guibert.

van PARIJS, P. , 2004, « L'anglais lingua franca de l'Union européenne: impératif de solidarité, source d'injustice, facteur de déclin? », *Économie publique*, 15, pp. 13—32.

VINAY, J. -P. , et J. DARBELNET, 1977, *Stylistique comparée du français* et *de l'anglais*, Paris, Didier.

WEISZ, C. , 2011,« La vassalité de la France », *L'Humanité*, 5 mars, p. 3.

WOLTON, D. , 2003, *L'Autre Mondialisation*, Paris, Flammarion.

YEGHIAZARIAN, E. , 2011,« Happiness in cross-linguistic and cross-cultural perspective », in *Le Miroir linguistique de l'univers*, Actes du deuxième colloque international organisé dans le cadre de la semaine de la francophonie, Erevan, Université linguistique d'État V. Brioussov, pp. 23—32.

图书在版编目(CIP)数据

反对单一语言:语言和文化多样性/(法)海然热著;
陈杰译.—北京:商务印书馆,2020
ISBN 978-7-100-18314-7

Ⅰ.①反…　Ⅱ.①海…　②陈…　Ⅲ.①语言—关
系—文化—多样性—研究　Ⅳ.①H0-05

中国版本图书馆 CIP 数据核字(2020)第 058702 号

反对单一语言
语言和文化多样性
〔法〕海然热　著
陈　杰　译

商 务 印 书 馆 出 版
(北京王府井大街36号　邮政编码100710)
商 务 印 书 馆 发 行
北京市十月印刷有限公司印刷
ISBN　978-7-100-18314-7

2020 年 6 月第 1 版　　　　开本 787×1092　1/16
2020 年 6 月北京第 1 次印刷　印张 11¾
定价:46.00 元